Once upon a town

Susan Tyrrell about Stavanger

Dreyer Bok

Cover illustrations:
Water colour by British artist
Janet Hardman.

ISBN 82-7096-121-3

 Et produkt fra
DREYER BOK
Stavanger

Contents

From the market place on a summer day in 1989.

Introduction

The first impression of a newcomer to Stavanger as he sees the stone Cathedral, the picture postcard market, the winding cobblestoned streets, is likely to be along the lines of 'charming', 'picturesque' or 'quaint'.

It is. But it is also a medieval town with reminders of bloodthirsty Vikings and feuding bishops; of sailors back from the far corners of the earth with armloads of exotic brocades to supplement their family's woolly homespuns; of dockside warehouses still smelling of a thousand fishing expeditions; of streets lined with stately homes where merchants and shipowners lived gracefully privileged lives; as it is the trading centre for the produce of the rocky farms of Jæren to the south.

And then, it is an energetic industrial and commercial centre with the sharp eye necessary for adjusting to changing times: if catch at sea is not as plentiful as it used to be, shipping may be a good idea. If tankers face hard times, why not build platforms for the oil industry in the North Sea?

But above all, Stavanger is a town that combines the best of both worlds: up to date, convenient, modern living in a city that has retained its well worn charm; where the old is not simply pulled down to make way for the new, nor is it equipped with a few creaky chairs and thrust under tourists' noses as Ye Olde Coffee Shoppes, but simply kept as a living, functioning part of peoples's everyday.

The author, Susan Tyrrell, by one of Stavanger's most popular sculptures outside Stavanger Cathedral School.

Den fremmede som kommer til Stavanger og ser Domkirkens steinvegger ruve over de små trehusene, det livlige bildet av torget, de brolagte, snurrige gatene, vil gjerne komme med utbrudd som «sjarmerende», «pittoresk» eller «koselig».

Det er den. Men den er også en middelalder-by med minner om blodtørstige vikinger og stridende bisper; om sjøfolk som vendte hjem fra fjerne egner med armene fulle av eksotiske brokader som kontrast til familiens hjemmevevde ullstoffer; om sjøhus som ennå har lukten av tusen fiskesesonger; om gater mellom staselige hus hvor kjøpmenn og redere levde elegante, privilegerte liv; slik den også er handelssted for produktene fra gårdene på Jæren i sør.

I tillegg er den et energisk industri- og handelssentrum med det skarpe øye som er nødvendig for å tilpasse seg skiftende tider: Hvis fisket ikke er så rikt som tidligere, kan sjøfart kanskje være en god idé. Hvis det er dårlige tider for tankfart – hvorfor ikke bygge plattformer og utstyr for oljeindustrien i Nordsjøen?

Men mest av alt er Stavanger en by som kombinerer det beste av to verdener: praktisk og komfortabelt, moderne liv i en by som har beholdt sin gamle sjarm; hvor gammelt ikke bare blir revet for å gi plass for nytt – og hvor det heller ikke blir utstyrt med noen få skjeve stoler og pådyttet turistene som «Den gamle kro», men simpelthen tatt vare på som et levende og fungerende innslag i folks dagligliv. Den bratte krokete, brolagte gatestumpen ser ikke bare interessant ut med slitasje etter utal-

7

That steep, winding, cobbled street not only looks intriguing with the imprint of countless generations of feet upon it, but it also happens to have hot water pipes laid under the cobblestones to keep them from icing over.

A place of harmony where old and new blend, to create a living town on a human scale.

View from Valbergtårnet showing part of the eastern harbour and the islands at the turn of the century.

lige generasjoners vandring, den har også tilfeldigvis fått lagt varme under brostenene for å hindre isdannelse.

Et harmonisk sted hvor gammelt og nytt i blanding skaper en levende by i menneskelig målestokk.

What lies in a name?

'Stavanger' stems from a combination of two ancient *Norrøne* words: *stafr* meaning stave or column or an upright landmark, and *angr* meaning a narrow fjord or bay and the surrounding area. Hence, 'the town around the narrow fjord, next to the steep rock': Stavanger.

Hva ligger i et navn?

Stavanger kommer fra en kombinasjon av to gamle, norrøne ord; stafr, som betyr stav eller støtte, eller et vertikalt landemerke, og angr som betyr en smal fjord eller bukt, og området rundt.

Derav: byen rundt den smale fjorden, ved den bratte klippen: Stavanger.

St. Svithun's Cathedral at the heart of Stavanger.

St. Svithun's Cathedral

OF PRICELY SPLENDOUR
AND CAREWORN LIVES

Stavanger Domkirke, St. Svithun's Cathedral, is as much a trademark of the town as Notre Dame is of Paris or Big Ben of London. Its likeness is on every souvenir from mugs to embroidery kits and its physical presence dominates over the town centre. You could think that so much familiarity would lead to boredom, to a lack of the essential mystery which makes places – no less than people – fascinating. But just stop for a moment and think: why is it there? how did it come to be there in the first place? what has been going on in and around it during its 800 year life?

The grey stone church sits on its rise, open to all visitors, seemingly obvious, hiding nothing. You can walk around it, seeing, feeling, touching. But as you look, imagine what this must have looked like those many centuries back, to the handful of people living huddled together in the houses, scattered around the countryside below the church. Towering above the frail and perishable houses, visible for miles around, was this magnificent edifice built of everlasting rock: a solid, unchanging anchor point in an otherwise precarious existence. Inside, a splendour of warm brocades, a hundred flickering candles playing on ornaments in precious metals and a ceremony which, compared to the people's own drab lives, was of an incredible richness. Yet miraculously, it belonged to them! The very solidity and splendour of the Cathedral must have been like a reassuring foretaste of the rewards of eternity.

Looking at the Cathedral today, there are no outward signs of the intrigues and power plays

OM FYRSTELIG PRAKT
OG SLITSOMT LIV

Stavanger Domkirke, St. Svithun, er like karakteristisk for byen som Notre Dame er for Paris eller Big Ben for London. Den er avbildet på alle suvenirer fra krus til broderisett, og rent fysisk sett dominerer den byens sentrum. Kanskje ville du tro at noe så kjent ville virke kjedelig, fordi det mangler det vesentlige mysterium som gjør steder – akkurat som mennesker – fascinerende. Men stopp nå litt og tenk deg om: hvorfor er den der? hvordan ble den til? hva er skjedd i og rundt den, gjennom dens 800-årige liv?

Den grå stenkirken hviler på en liten bakke, og ruver over selv de høyeste av de moderne byggene rundt, tilgjengelig for alle besøkende, tilsynelatende uten hemmeligheter. Du kan gå rundt den, – se, føle, berøre. Men prøv, mens du ser, å forestille deg hvordan den må ha virket for så mange århundrer siden, for de par dusin mennesker som krøp sammen i bittesmå hus, spredd rundt på området nedenfor kirken. Tårnhøy over de primitive og forgjengelige husene, synlig i kilometers omkrets, sto denne praktfulle bygningen av uforgjengelig sten, en solid og uforanderlig forankring i tilværelser som ellers var uvisse nok. Inne, en rikdom av varme brokader, hundrevis av flakkende lysflammer som spilte over utsmykninger av edle metaller og kirkehandlinger som, sammenlignet med deres egne grå liv, var utrolig rike – men mirakuløst nok tilhørte dem! Selve soliditeten og prakten til Domkirken må ha virket som en betryggende forsmak på evighetens belønninger.

Ser vi på Domkirken idag, fins ingen utvendige tegn på intriger og maktkamp mellom kir-

11

between princes of the church and reigning monarchs; of the men seeking refuge from invaders; of the love and fear; the sorrow and hope of scores of generations who have lived, toiled and died on this same tiny bit of earth which we call the city of Stavanger today. Waiting for the traffic lights to change, marketing or strolling through the park, we walk the same ground that elaborately gowned bishops and peasants in homespuns walked; the same ground which bears the memory of enemy troops rushing to attack; or the carriage wheel of herring merchants arriving in their Sunday black. Stored with these memories a few inconsequential centuries from now, will be the hundreds of visitors photographing, gazing, comparing, commenting in a dozen different tongues – us.

The walls between us and today's busy traffic are the same walls which gave shelter to a man not far removed in time from the blood and power-thirsty Viking, yet he was so transformed in those few years as to have lost all family resemblance. The men and women who flocked to this church did not question by what right the rulers ruled. It was enough to know that they were to obey.

So, is there really no mystery to this grey stone edifice? Can't you see the shadows of solemn monks filing past on their way to the refectory at the Bishop's residence next door, where they will eat in silence while someone reads aloud to them – the Bishop's residence whose foundation stones you can see supporting Kongsgaard School? And the ghosts of a thousand villagers, their feet wearing stone paths to a polished smoothness along the mountains, their arms straining against the oars in choppy fjords, making the yearly journey to the big Church, to bring the Bishop his share of what little they owned? Or even before that, can't you see those English stonemasons brought over from Winchester, as they bent over blocks of stone to create the two rows of columns with all those ornamental capitals – chipping, polishing, measuring?

kens fyrster og de herskende monarker; på menn som søkte ly for angripere; på kjærlighet og frykt, sorg og håp blant de mange generasjoner som har levd, slitt og dødd på denne samme lille jordbiten som vi idag kaller Stavanger. Når vi venter på at trafikklysene skal skifte, når vi handler på torget eller vandrer gjennom parken, går vi på samme jord hvor bisper i rike drakter og bønder i hjemmevev har gått; samme jord som bærer i seg minner om fiendens tropper i stormangrep; eller vognhjulene til sildehandlerne når de ankom i sine mørke søndagsklær. Om et par århundrer vil nye minner være lagret sammen med disse: tusenvis av turister som fotograferer, betrakter, sammenligner og kommenterer på et dusin forskjellige språk. Oss selv.

Murene mellom oss og vår tids travle trafikk er de samme som beskyttet andre mennesker; i tid ikke så fjern fra de blodtørstige og maktsyke vikinger, men likevel så endret gjennom noen få år at all familielikhet var vekk. De menn og kvinner som kom til denne kirken, spurte ikke hvilken rett de styrende hadde. Det var nok å vite at de selv var der for å adlyde.

Er da slett intet mysterium knyttet til denne grå stenbygningen? Ser du ikke skyggene av alvorlige munker som går forbi på vei til refektoriet i bispeboligen ved siden av, hvor de skal spise i taushet mens noen leser for dem – bispeboligen hvis grunnmur du idag kan se bære Kongsgård skole? Og gjenferdene til tusen landsbybeboere – føttene sliter stenete stier til polert jevnhet langs fjellene, armene bakser med årene i fjordbølgene når de kommer på sin årlige visitt til den store kirken for å gi biskopen hans del av det lille de eier? Eller selv før den tid, kan du ikke se for deg de engelske stenhuggerne som ble hentet fra Winchester, når de bøyet seg over store stenblokker for å hugge ut de to søyleradene med alle de forsirte kapitélhodene – hugge, polere, måle?

The lake has been used for skating up to modern times.
This picture, by Hans Leganger Reusch, dates from 1832.

13

We'll walk into the Cathedral, but first we need to dig a little into history. How and why did this monument to the Church of Rome come to be?

An 1840 etching shows the Cathedral with the Latin School in the foreground. Newly dyed cloth can be seen drying at bottom right, by the banks of Skolebekken, the brook connecting Breiavatnet and Jorenholmen.

The area had been inhabited from earliest times — some of the richest archaeologicial finds in Norway were made in Stavanger's vicinity. The location was geographically suitable with a fine, sheltered harbour; there was probably an administrative centre near by and a trading and marketing place as well. Besides, the land on which the Cathedral was built belonged to the King and the closest bishopric was in Bergen, which was not close enough for this area. Consequently, around the year 1125, King Sigurd ordered the establishment of a new See: St. Svithun's Cathedral.

Vi skal gå inn i Domkirken — men først tar vi en titt på historien. Hvorfor og hvordan ble dette monumentet over romerkirken til?

Området hadde vært bebodd fra de tidligste tider — noen av de rikeste arkeologiske funn i hele landet er gjort rundt Stavanger. Stedet var velegnet geografisk sett med en god og beskyttet havn; sannsynligvis var det et administrativt senter i nærheten, og et handels- og markedssted i tillegg. Dessuten, jorden som Domkirken var bygd på tilhørte kongen, og nærmeste bispesete var i Bergen. Det var for langt unna. Derfor ga kong Sigurd ordre om at det skulle opprettes et nytt bispedømme, St. Svithun, i årene rundt 1125.

The new Cathedral was dedicated to the Holy Trinity. St. Svithun – a bishop of Winchester at King Egbert's time, who died in 862 – was declared patron saint.

For centuries the most cherished relic of the church was a fragment from the Saint's arm, encased in silver. It was brought to Stavanger from England by the first bishop, Reinald, a Benedictine monk whom King Sigurd had met on his travels to England and the Holy Land.

July 2nd, *Svithunsmesse*, was celebrated for many years in the Saint's honour as a local holiday in Rogaland. By the 14th century, the holiday's name had changed to *Syftesok* (syfte = to cleanse) and a ritual was built up around it. On the eve of Syftesok, farmers placed a cross of juniper and alder twigs on each field, as they recited «Now I will cleanse the weeds from the field and replace them with alder and juniper, so that the crop may be large and healthy.» It is not known how effective this was, but it might have made a difference that in Norwegian the incantation

Den nye katedralen ble viet den hellige treenighet. St. Svithun – biskop av Winchester i kong Egberts tid, som døde i 862 – ble valgt til skytshelgen.

Gjennom århundreder var kirkens mest dyrebare relikvie et sølvbelagt fragment av helgenens arm. Den ble brakt til Stavanger fra England av den første biskopen, Reinald, en benediktinermunk kong Sigurd hadde møtt på sine reiser i England og det Hellige Land.

2. juli, Svithunsmesse, ble feiret i helgenens navn i mange år, som en egen Rogalands-høytid. I det 14. århundre var navnet endret til Syftesok (syfte betyr å rense) og det var oppstått riter rundt det. På Syftesokaften satte bøndene et kors av briskekvist og orekvist på hver åker og sa «nu vil jeg syfte sorken av aakeren og sætte igjen or og brisk at den skal være baade stor og frisk». Svithunsmesse ble

The nave with its heavy Roman arches was built in the 12th century; the Gothic chancel behind was added after the fire in 1272.

An old 'primstav' – wooden calendar stick.

rhymes. Svithunsmesse was marked on the wooden calendar stick, the *primstav*, with a cross made of two twigs. Though not in use for many a year, replicas of the primstav are available at local gift shops, and are one of the most original souvenirs of Norway.

The King and the Bishop, Love and Money
The first mention of Stavanger Cathedral in Snorre's Sagas tells of King Sigurd, who had grown weary of his queen Malmfrid and longed to marry Cecilia, 'daugthter of a mighty man'. The bishops of Bergen and of Oslo both refused to have anything to do with such a sinful enterprise, so the angered King commanded his royal household to gather wheat, malt and honey for the journey to Stavanger, where he would celebrate his wedding feast instead. It is said of Bishop Reinald (1125–1135) that he was an avaricious man who would compromise his religious principles for the sake of money and who in the end chose the gallows in preference to giving up any of his accumulated riches.

However, Bishop Reinald also raised a stern ecclesiastical finger at the King and berated him for wishing to divorce a living queen. Nonetheless, he married the King and his Cecilia in 1128, mollified by Sigurd's vast donations to the coffers of the church. The Saga's account ends with the words: 'and he loved her very much'.

avmerket på primstaven med et kors laget av to kvister. Primstaver har ikke vært i bruk på lenge, men det går an å få kjøpe kopier i stedets forretninger – noen av de mest særmerkte suvenirer Norge har.

Kongen og bispen, kjærlighet og penger
Første gang Domkirken ble omtalt i Snorres Kongesagaer er i historien om kong Sigurd som var blitt lei av sin dronning Malmfrid og drømte om å gifte seg med Cecilia, «en mektig manns datter». Bispene i Bergen og Oslo ville slett ikke være med på slike syndige forehavender. Kongen befalte da ergerlig at kongehusholdningen skulle utruste seg med hvete, malt og honning for reisen til Stavanger, hvor han så ville feire bryllupet.

Det blir sagt om biskop Reinald (1125–1135) at han var en havesyk mann som satte penger høyere enn religiøse prinsipper og som til slutt foretrakk galgen fremfor å oppgi noen av de rikdommer han hadde samlet.

Men også biskop Reinald rettet en streng kirkelig finger mot kongen og formante ham fordi han ville skille seg fra sin dronning. Likevel viet bispen kongen og hans Cecilia i 1128, formildet av Sigurds rike gaver til kirkens skattkister. Sagaens fortelling ender med disse ord: «og han elsket henne meget».

Men ikke lenge. Kong Sigurd døde to år etter dette giftermålet.

Etter kongens død ble Reinald innblandet i kampen som oppsto mellom tronarvingene. Han ble kalt til Bergen og anklaget for å ha skjult kongelige skatter. På vei til domstolen rev biskopen ergerlig av seg en støvel og sverget at han ikke visste mer om kongelig eiendom enn det som var å finne i skoen. Så falt en gyllen ring ut.

Reinald ble hengt i Bergen i 1135. Snorre mener at dette utløste en tid med vold og blodutgytelser, som varte i mer enn hundre år.

For the better part of a millennium, the Cathedral has been the gathering place for the town's people.

Not for long, though. King Sigurd died two years after his hardwon marriage.

After the death of the King, Reinald became involved in a royal feud which developed between the pretenders to the throne. He was summoned to Bergen and accused of hiding royal treasure. On the journey to his trial, the Bishop indignantly tore off one shoe and swore that he had no more knowledge of royal property than could be found in that shoe.

A golden ring fell to the ground at his feet.

Reinald was hanged in Bergen in 1135. According to Snorre, this was the spark which set off an era of violence and bloodshed lasting well over a hundred years.

The First of the Fires
In 1272, one hundred and fifty years after the church was first built, it was almost totally devastated by fire. Although the nave remained standing, styles and needs had changed in the intervening years. The old romanesque church did not meet the standards of a gothic cathedral any more. When Bishop Arne embarked on his lifelong task of rebuilding the Cathedral, he dispensed with the watchtower which had faced the harbour and placed the main entrance in its stead. The nave he allowed to remain but the choir was completely rebuilt. Light and air and delicacy of design were what was wanted. Besides, the number of priests had been increased, the celebration of Mass now needed more space and the church laws dictated that laymen (and particularly women) were to be totally segregated from the priests, lest their presence should detract from the sanctity of the occasion.

Give or take a few details such as balconies, lights or white plaster-covered walls, the Cathedral we see today is the Cathedral Bishop Arne brought about.

So, now that we know how it all began, let's take a walk inside.

Stepping through the portals, your impressions are apt to vary according to the time of

Den første brannen
I 1272, ett hundre og femti år etter at kirken sto ferdig første gang, ble den nesten helt ødelagt av brann. Selv om skipet ble stående, hadde også stilarter og behov endret seg på den tid som var gått. Den gamle romerske kirken kunne ikke måle seg med gotiske katedraler. Da biskop Arne gikk igang med den livsoppgave det var å gjenreise kirken, satte han ikke opp noe nytt vakttårn mot havnen, men bygget hovedinngangen der isteden. Han lot skipet stå, men koret ble fullstendig bygget om. Idéen var lys, luft, lette og fine mønstre. Dessuten var det kommet flere prester, det måtte mer plass til for messene, og kirkeloven forlangte at legmenn (og særlig kvinner) skulle være fullstendig adskilt fra prestene slik at det ikke skulle distrahere dem i stundens hellighet.

Unntar vi noen få detaljer som balkonger, lys, eller hvitkalkede vegger, er den katedral vi ser idag, den samme som biskop Arne skapte.

Og nå, som vi vet hvordan det hele begynte, tar vi oss en tur inn.

Når du går inn gjennom dørene, vil inntrykket sannsynligvis variere med årstiden. En lys sommerdag vil kirkens interiør virke som en kald, grå verden. En vinterkveld derimot, ved juletid kanskje, er det fullstendig annerledes. Du trår forsiktig gjennom sneen utenfor og kommer inn i et rom som skinner med levende lys og orgeltoner, og kanskje en syn-

Right: 'Hetlandsgate' and the Cathedral in the 1880's.
Below: Shoe from the Middle Ages, found during excavations at 'Skagen'.

year. On a bright summer day the inside of the church appears to be a cool, grey, sombre world. Yet on a winter's eve, say at Christmas time, it is a different place altogether; you pick your way carefully through the snow outside to a shelter radiating candle-light and organ music, perhaps a singing congregation, to be made conscious of the timeless warmth and solidity around you.

If the church is empty, the first curious impression is that of a black and white photograph with only the jewel-like window behind the altar and the baroque pulpit picked out in colour.

Then, you become conscious of the two very contrasting styles of the nave and the choir, divided by a few steps. The high ceiling of the nave resembles nothing so much as the wooden framework of an upside-down Viking ship. The walls, which at one time were covered in plaster, have now been stripped to expose the original stonework. At the back of the nave, by the choir steps, is the renaissance pulpit which was carved, decorated, painted and gilded to its very limits in the 16th century by Andrew Smith, a Scottish artist, who was also responsible for most of the carved memorial plaques along the aisles.

If we climb the few steps, we'll find ourselves in the chancel, built amidst great strife and controversy during the times of Bishop Arne in the 14th century. This section is lighter, altogether more graceful with its ribbed ceiling and plastered walls, the delicate stone tendrils of the font, and the stairway to the no longer existing lectern. Towards the rear, at the right of the altar, there is the head of the popular King Magnus Lagabøter, who upon his death bequeathed a fortune to the church and the residents of Stavanger, and who probably held court at one time at Kongsgaard next door. Facing the bust of King Magnus on either side of the sacristy door are the heads of his two sons, carved also in stone. Eirik looking thin and studious, Haakon robust and smiling. Both sons came to reign in turn. Eirik's two queens, Margaret and Isabella,

gende menighet, slik at du føler tidløs varme strømme mot deg.

Hvis kirken er tom, er merkelig nok det første inntrykket et svart-hvitt foto, med bare det juvellignende vinduet bak alteret og den barokke prekestolen i farger.

Etterhvert trer de sterke kontrastene mellom stilartene i skip og kor frem i din bevissthet. Skipets høye takhvelv minner mest av alt om spantene på et vikingeskip. Veggene, som engang var kalket, er nå renset slik at det opprinnelige stenarbeidet er kommet frem. I enden av skipet ved trappen til koret er prekestolen som ble skåret ut, dekorert, malt og forgylt til metningspunktet i det 16. århundre av Andrew Smith, en skotsk kunstner som også var ansvarlig for de fleste epitafiene av tre, langs sidene.

Går vi opp noen trinn, befinner vi oss i koret som ble bygget i en tid med krass uenighet og splid, under biskop Arne i det 14. århundre. Denne delen er lettere og langt mer elegant med buene i taket og kalkede vegger, med fine forsiringer på fonten og trappen til prekestolen som ikke lenger er der. Lenger bak, til høyre for alteret, er hodet til den populære kongen, Magnus Lagabøter, som testamenterte en formue til kirkens og Stavangers innbyggere, og som sannsynligvis har holdt rettsforsamling på Kongsgård ved siden av kirken. Rett overfor bysten av kong Magnus, på begge sider av sakristidøren, er hodene av hans to sønner, også i sten. Eirik ser tynn og tenkende ut: Haakon robust og smilende. Begge skulle med tiden regjere landet. Eiriks to dronninger Margaret og Isabella kom begge fra Skottland, noe som kanskje forklarer likheten mellom dekorasjonene i koret her, og i Laigh Kirk i Glasgow-katedralen.

Det er et tårn på hver side av kirken her; det ene huser bispe-inngangen rett overfor hans eget kapell og ble bygget samtidig med koret. Det annet har en tungvint vindeltrapp og en merkelig plassert utgang som må ha vært et ideelt gjemmested når farer truet.

The inner harbour with the marketplace and the Cathedral – and the sculpture popularly known as 'The Shrimp'.

both came from Scotland, which may account for the similarity in decorating details in the choir with Laigh Kirk in Glasgow Cathedral.

There is a turret on either side of the chancel, one providing space for the Bishop's Entrance just opposite his private chapel, built at the same time as the choir, the other turret with a tortuously ascending staircase and an awkward doorway which must have made an ideal hiding place in times of trouble.

Now, from the choir steps, turn around and look back towards the entrance: you no longer see the two contrasting styles or the two splashes of colour. Instead, you will be faced with a pure and harmonious solidity which, if you are willing, will transport you back to the middle ages.

Strolling around the outside of the Cathedral, you can see the different types of stone and construction used in the nave, and then 150 years later in the choir walls. Above the great coloured choir window, the stone head of Bishop Arne looks down, hopefully satisfied with what he sees. Below the window is a frieze of twelve heads, probably representing the twelve members of the ecclesiastical chapter of St. Svithun's Cathedral. These twelve men, the so called canons or choir brothers, took part in the lithurgy of the church, performing their duties in the choir, hence their name. They also formed a counsel for the bishop; it was their duty to select a new bishop on the death of the old one and they took charge of training new priests for the entire See at the Cathedral School, or Latin School, close by. In addition, each canon usually had the duties and the revenue from one altar in the Cathedral.

The Cathedral photographed in the first half of the 1860's. St. Mary's Church to the left.

Facts and Fancy about Medieval Stavanger
Very little is known with any degree of certainty about this period, but piecing together a few facts, a few comparisons with towns such as Bergen at the same time, and a good amount of educated guesswork, we come up with an idea of what the little community

Den som nå snur seg og ser tilbake fra kortrinnene, mot inngangen, vil oppdage at inntrykket ikke lenger er to forskjellige stilarter eller de to fargeklattene. Tvert imot: du står overfor en ren, harmonisk soliditet som – dersom du er villig til å leve deg inn – kan føre deg tilbake til middelalderen igjen.

which owned its existence to the functioning of the See was like.

To begin with, for a settlement to qualify as a town in the middle ages, it simply meant that the buildings were in tighter concentration and the population more dense than in the surrounding district. People living within the city limits also worked the land and raised domestic animals as in the country, but mostly, they made their living from sources other

Hvis du vandrer rundt utenfor kirken, kan du se de forskjellige stenartene og byggemetodene som er brukt i skipet, og 150 år senere i korveggene. Fra toppen av det store, fargede korvinduet skuer biskop Arne ned – forhåpentligvis fornøyd med det han ser. Under vinduet er det en frise med tolv hoder som sannsynligvis forestiller de tolv medlemmene av den kirkelige enhet som St. Svithuns Katedral var øverste instans for. Disse tolv såkalte

Stavanger specializes in dramatic skies. Here highlighting Skagen quay, with Valberg Tower in the background.

than farming. Also, it was customary for urbanised areas to be under a separate legal and administrative commune. Stavanger with 500--600 inhabitants had its independent district governor, the King's representative, who together with the bishop were the highest local authorities.

A visitor to Stavanger around the first half of the 13th century would have seen cultivated fields and grazing land within the town. He would also have seen some 14 or 15 small,

korbrødre deltok i kirkens liturgiske handlinger. De foregikk i koret, og derav navnet. Brødrene dannet også et råd for biskopen; de skulle velge en ny når den gamle døde og de var ansvarlige for opplæring av nye prester for hele bispedømmet, på Katedralskolen eller Latinskolen like ved. Dessuten hadde hver korbror tilsyn med, og inntektene fra, et alter i domkirken.

Kjensgjerninger og gjetning om middelalder-Stavanger

Det er svært lite vi vet med sikkerhet om denne perioden, men med noen få opplysninger, noen sammenligninger med andre byer,

24

urban farms dotted with two-storied wooden houses built on stone foundations. Many of the properties had more than one building, often in a row or back to back, some of them with cellars and lofts.

Inside the houses there were partitions forming several rooms, the ones in the front serving as storage or workshop, and the living quarters in the back. One of the rooms was used for keeping sheep and cattle in the winter.

Today, some six hundred years later, the names of some of these farms live on in Stavanger – Arneageren, the small square in front of the *Sølvberget Kulturhus* for example, came

som Bergen, på den tid, og en god del velfundert gjetning, får vi en idé om hvordan dette lille samfunnet var, som bygget sin eksistens på bispedømmets funksjon.

Først av alt: det at et samfunn ble beskrevet som «by» i middelalderen vil ganske enkelt si at bygningene sto tettere sammen og at befolkningstettheten var større enn i området omkring. Folk som bodde innenfor bygrensene, dyrket også jorden og hadde husdyr som på landet, selv om de fikk det meste av sitt levebrød på annet vis. Det var også vanlig at slike byområder var under selvstendig juridisk og administrativt tilsyn. Med sine fem-sekshundre innbyggere hadde Stavanger sin egen

from 'Arnegaard', which means Arne's property.

14th century Stavanger had two streets, both built on the sunny, eastern side of the harbour, Øvregata and Nedregata (High and Low street), which followed about the same route as today's Kirkegata and Skagen.

Breiavatnet, the lake behind the Cathedral, was connected to the sea by Skolebekken, a creek which followed the course of the present Klubbgata, until it was made to flow underground. At some time in the past – it is not exactly known when – the creek was navigable.

In the later years a path followed the course of Skolebekken, whose name was taken either from the Cathedral School standing next to it, or more likely, from the old Norse word 'skolla' which stands for 'wash', as the creek was used by the women of the town to do their laundry.

Daily Life in the Middle Ages
The climate was moderate and agriculture prospered. There was grain of all sorts and Stavanger's medieval family probably lived a fairly advanced sort of life with furniture, tools and implements both produced at home and imported from other European countries. Craftsmen turned out goods such as shoes and combs from materials available locally.

A busy shipping trade between England and other European countries brought Stavanger glassware, ceramics, and all the prayer books and incense needed for the bishopric. The church had great influence in this field as in most others, the merchant ships were mostly owned by the bishop or the monasteries.

Class differences were no longer a simple matter of upper and lower, or religious and secular; the presence of tradesmen and commerce created several minor layers in between. The feudal system, however, never fully developed in Norway; farmers worked their own small holdings, so an exploited class

In the inner harbour, the sloops and smaller vessels came all the way to the 'sjøhus' for loading and unloading.

sysselmann (fylkesmann), kongens mann som sammen med biskopen var den høyeste lokale myndighet.

Den som besøkte Stavanger rundt første halvdel av 1300-tallet, ville sett dyrket mark og beiter inne i byen. Han ville også sett en 14–15 bygårder med toetasjes trehus, bygd på stenmur, spredd rundt på markene. Mange eiendommer hadde flere bygninger, ofte i rad eller vendt mot hverandre. Noen hadde også kjeller og loft.

Husene hadde flere rom. Rommene foran ble brukt til lager eller verksted: oppholdsrommene lå bak. Ett rom ble brukt til sauer og kyr om vinteren.

Selv idag, seks hundre år etter, lever en del av gårdsnavnene fra den tid i Stavanger. Arneageren, for eksempel, den lille plassen foran Kulturhuset, kommer av Arnegaard, Arnes eiendom.

Det 14. århundres Stavanger hadde to gater som begge lå på solsiden, øst for havnen. Øvregate og Nedregate – der hvor vi idag finner Kirkegaten og Skagen.

Breiavatnet bak Domkirken var forbundet med sjøen gjennom Skolebekken som løp der Klubbgaten er idag, helt til den ble lagt i rør. En gang i tiden – vi vet ikke akkurat hvor lenge siden – var bekken farbar.

I senere tider gikk det en sti langs Skolebekken, som har fått sitt navn enten fordi Katedralskolen lå ved siden av den, eller – noe som er mer sannsynlig – fra det gammelnorske *skolla* som betyr vask. Byens kvinner har utvilsomt brukt bekken til å vaske klær i.

Daglig liv i Middelalderen
Klimaet var moderat og landbruket blomstret, med dyrking av alle slags korn. Stavangers middelalderfamilier levde sannsynligvis forholdsvis sivilisert, med møbler, redskap og verktøy som delvis var hjemmelaget, delvis importert fra andre europeiske land. Håndverkere laget slike varer som sko og kammer av lokale råvarer.

Sjøfartsforbindelse med England og andre europeiske land brakte glassvarer, keramikk,

did not exist here to the same degree as in many other European countries.

The role of women and grain production were closely connected. Much of the work around the farm which had to do with sowing, harvesting and milling was considered part of a woman's job, in addition to her role as housewife and mother. In the event that the unfortunate farmer was a bachelor, he was obliged to hire women for these chores – after all, there were some things which were just not fit for a man to do. On the other hand, when the farmer learned to ferment malt for brewing beer in England, this was a chore he immediately took upon himself.

Medieval Ole and his family had a fine diet of meat, fish and grain. Beside the cattle and sheep he kept, there were birds to be had as well, obtained by something less than gentlemanly sportsmanship. He would row out to the surrounding small islands in the early spring, not long after the sea birds' eggs had hatched. He would break the young birds' wings to prevent them from flying away and then after six months of enforced captivity and free feeding, he would return in the autumn to collect the landbound birds and salt them down for the winter.

Daily life was ruled with a heavy hand by the Church but the priests soon found out that the comfortable heathen gods of old were hard to be rid of, with their connections to the inexplicables of life and death, of fertility and nature. Where they could, they would struggle against these superstitions, where they did not succeed, they incorporated them into church ritual.

Of the great pagan feasts, the mid-winter festivities were incorporated into Christmas, spring rites were converted into Whitsun, but Midsummer Eve was not so easy to eradicate. Although the Church had declared the day in honour of the birth of John the Baptist, the old heathen feast of nature had a way of persevering. Bonfires were lit all along high points at sundown on this longest day of the year, to ward off the powers of evil. There

bønnebøker og røkelse som bispedømmet trengte til Stavanger. Kirken hadde stor makt på dette området som på de fleste andre: for det meste tilhørte handelsskipene biskopen eller klostrene.

Klassestrukturen var ikke lenger så enkel som høy og lav, kirkelig eller legfolk. Handel og sjøfart skapte flere finere skiller. Men føydalsystemet utviklet seg aldri til fulle i Norge. Bøndene hadde sine egne jordlapper, slik at det aldri oppsto noen klasse som ble utnyttet i så stor grad som i mange andre europeiske land.

Det var klar sammenheng mellom kvinnens rolle og kornproduksjon. Mye av gårdsarbeidet som var knyttet til såing, innhøsting og kornmaling, ble sett på som kvinnearbeid. Dersom den stakkars bonden var ungkar, var han nødt til å leie kvinner til disse jobbene, fordi det simpelthen ikke ansto seg en mann å gjøre det selv. På den annen side hadde det seg slik at da han i England lærte kunsten å gjøre malt til øl-brygging, var det et arbeid han øyeblikkelig tok på seg.

Middelalder-Ola og familien hans levde godt på kjøtt, fisk og korn. I tillegg til kjøtt fra hans egne kyr og sauer var det fugl å få – om enn ikke helt på sømmelig vis. Han kunne ro ut til småøyene tidlig på våren, ikke lenge etter at sjøfuglene hadde ruget ut eggene sine. Der knekket han vingene til ungfuglene for å hindre dem i å fly vekk. Etter seks måneders fangenskap og fri mat kunne de landfaste fuglene hentes, og saltes ned for vinteren.

Kirken hersket strengt over dagliglivet, men prestene oppdaget raskt at det var vanskelig å bli kvitt de gamle hedenske guder og deres tilknytning til uransakeligheter forbundet med liv og død, fruktbarhet og natur. Der det lyktes dem, kjempet de mot slik overtro; der det ikke gikk, tok de høytidene opp i kirkens ritualer.

Av de store hedenske feiringer ble midtvinterritene absorbert i julen, vår-ritene i pinse, men midsommer var det ikke så lett å viske ut. Selv om kirken hadde erklært at dagen var til ære for Johannes Døperen, stakk den gamle naturfesten alltid frem. Det ble tent bål på alle

Kongsgaard, once the Bishop's estate, is now a high school.

were witches and trolls about and they would do mischief to those who had offended them, or even ride off with them in lieu of a broomstick unless certain essential precautions were taken, such as placing a bit of green turf upon one's head or sitting at the junction of a crossroads at midnight under a harrow (with

høyder ved solnedgang på denne årets lengste dag for å holde onde makter unna. For det fantes hekser og troll som kunne være leie mot folk som hadde utfordret maktene; ja utysket kunne til og med bruke dem til å ri avsted på istedenfor kosteskaft – hvis det da ikke ble tatt spesielle forholdsregler, som å legge en grønn torv på hodet eller sitte under en harv ved et veikryss midt på natten – eller tenne bål med ved fra ni forskjellige tresorter.

29

forks turned down), or even by building a fire from the wood of nine different types of tree.

Religious life was stern, dominating and un-compromising, enforced as a means of sup-pressing people and securing the power of the Church, making sure it was the centrepoint of their lives. So, through thick and thin, families would donate as much as they possibly could to the Church, without ever questioning it or protesting. After all, since it meant so much not to end up in the devil's claws after death, you would give a lot to secure a good eternity. Comfort at least in the next world, especially since your present earthly life was such a struggle. So, paradoxically, perhaps the harder the times, the more willingness to give to the Church. Still, the Norwegian peasant paid less tax, religious or state, than his continental counterpart. Danish peasants, for example, paid twice as much in the middle ages.

It was common for people of wealth to re-member the Church in their wills. Large pieces of land were left to the clergy as well as whole salmon rivers and property of all sorts, plus food and other provisions for both the clergy and the poor of the town, usually with the stipulation that prayers be said regularly for the soul of the deceased.

The Black Death

In 1348 Death came sailing in to Bergen har-bour on a ship piled high with cargo. By the time the first of the merchandise had reached the city's wharves, most of the crew had suc-cumbed and along with the goods from the hold of the ship, the feared bubonic plague was spread through the town of Bergen, and from there to the rest of the country.

Norway was not singled out by the plague, most of Europe suffered as well; the total death toll was about 25 million victims. Com-pared to the huge losses of other countries, Norway did not fare any worse, but due to the sparse population the loss was felt far more acutely. Because of this, and because the plague found the country already at a vulner-able time, its effects were devastating and Nor-

Det religiøse liv var strengt, dominerende og kompromissløst. Ved å sørge for at kirken var livets midtpunkt ble folket undertrykt og kir-kens egen makt sikret. Derfor ga familiene, i gode og onde dager, alt de kunne til kirken, uten noensinne å kritisere eller protestere. Når alt kom til alt var det så vesentlig å ikke ende i djevelens klør når man døde at det var mye verd å sikre en god evighet; å ha det godt ihvertfall i neste verden, særlig fordi livet på jorden var så slitsomt. Derfor var det paradok-salt nok slik at jo vanskeligere tidene var, jo villigere var folk til å gi til kirken. Likevel be-talte den norske bonden mindre skatt – både til stat og kirke – enn bøndene på kontinentet. Danske bønder betalte for eksempel dobbelt så mye i Middelalderen.

Det var vanlig at velstående folk betenkte kirken i sine testamenter. Store landeiendom-mer ble gitt til prestene, som også fikk hele lakseelver og alle slags eiendommer, samt mat og andre goder til både presteskapet og byens fattige, vanligvis på betingelse av regelmessige bønner for den dødes sjel.

«Svartedauden»

I 1348 seilte døden inn på Bergens havn, med en søkklastet skute. Før det første av lasten var losset, var mesteparten av mannskapet strøket med. Sammen med varer fra skipets lasterom spredde den fryktede pesten seg gjennom Ber-gen by, og derfra til resten av landet.

Norge var ikke spesielt ille ute; mesteparten av Europa led under pesten, som fikk rundt 25 millioner ofre. Norge ble egentlig ikke verre angrepet enn de andre, men tapet var mer merkbart på grunn av den lave befolknings-tettheten. Dette, og det at pesten nådde landet i en tid som var vanskelig fra før, gjorde at virkningene ble ødeleggende. Riket forfalt, og det skulle ta mange år før det kom seg opp igjen.

For Stavangers presteskap var tapet for stort til å rette opp. Biskopen selv var blant ofrene

The deadly 'Black Plague' arriving on Norway's shores, as depicted by Theodor Kittelsen.

way's fortunes went into a decline which it would take many years to come out of.

The loss to Stavanger's priesthood was beyond recovery. The Bishop himself was one of the victims and there is no record of a single priest remaining, aside from the canons, all during the years between 1348 and 1384. Two of the major churches fell into disuse and are never mentioned again. Still, the disease had been impartial and if the priests were decimated, so were their congregations. There was no longer need for many churches or priests.

The Reformation

Nearing the end of the 15th century and the Reformation which was soon to come, there was a restlessness and an unease over the country. The plague had left an aftermath of instability and violence.

The first change for the better for Stavanger came upon being awarded the royal charter for trade and city privileges in 1425, which gradually shifted the focus of interest away from the Church towards commerce conducted independently of the clergy.

Shortly after the plague, Norway had come into a union with Denmark and by 1536 became a Danish province. Stavanger's bishop at this time was Hoskold Hoskoldsen, the last of the Catholic bishops. The popular image of him shows a weak and characterless man who bent with the wind. And the wind in those years blew hard and veered often. During the years of upheaval he would side first with one faction, then another, whichever seemed most likely to allow his faith to remain unchanged; hoping all the while, in spite of all indications, that his Church would prevail to the end.

The Reformation itself was partly a sign of an accumulation of political and social problems of the times. Politicians chose to ride on the back of an emerging spiritual wave to bring about a political coup, according to a widely held opinion. Introducing a state church in Norway was mostly a means to transfer the huge fortunes hitherto owned by the Catholic Church to the treasury of the King

og vi hører ikke om en eneste prest i byen, bortsett fra korbrødrene, i alle årene mellom 1348 og 1384. To av de store kirkene forfalt, og er ikke nevnt senere. Vi må regne med at sykdommen ikke tok hensyn, og at hvis det gikk slik med prestestanden, ble heller ikke menigheten spart. Det var heller ikke behov lenger for mange kirker eller prester.

Reformasjonen

Mot slutten av det 15. århundre og like før reformasjonen lå det uro og misnøye over landet. Etter pesten fulgte en tid med uroligheter og vold.

Den første muligheten til bedring for Stavanger kom med kongebrevet som ga handelsprivilegier og bystatus i 1425. Gradvis forskjøv dette vekten over fra kirken til handel som foregikk uavhengig av presteskapet.

Kort tid etter svartedøden var Norge havnet i union med Danmark, og i 1536 var landet blitt en dansk provins. Stavangers biskop på den tid var Hoskold Hoskoldsen, den siste av de katolske bisper. Han blir vanligvis fremstilt som en svak, karakterløs mann som snudde seg med vinden. Og i de årene blåste vinden hardt og skiftet ofte. Gjennom urotiden tok han parti for snart den ene, snart den annen side – hvem som enn så ut til å la ham få beholde sin tro i fred – alt mens han håpet at hans kirke, trass i alle tegn, ville overleve.

Selve reformasjonen var delvis et tegn på sammenfallende politiske og sosiale problemer i den tiden. Mange mente at politikerne valgte å ri en ny åndelig bølge, og utnytte den til et politisk kupp. Hovedgrunnen til etablering av en statskirke i Norge var ønsket om å få overført de veldige rikdommer som til da hadde tilhørt den katolske kirke, til de kongelige skattkamre i Danmark, hvor de trengtes sårt for å betale for kongens militære ekspedisjoner.

I 1537, da biskop Hoskold var i ferd med å skifte tilhørighet for siste gang, ble han hentet av kongens mann i Bergen og henrettet. Rikdommene som tilhørte Domkirken og de andre kirkene, ble overført til kronen.

in Denmark, who sorely needed the money for his military adventures.

In 1537, while Bishop Hoskold was shifting his allegiance for the last time, he was sent for by the King's representative in Bergen and was removed from public life. The fortunes of the Cathedral and the other churches were turned over to the crown.

Some 400 years before, Stavanger's first Catholic bishop was hanged in Bergen. Now, the last one was to meet almost the same fate. The wheel had turned a full circle and an era was over.

The years that followed brought great hardship and a need for adjustment to Stavanger. For centuries the town had been the seat of a splendid Roman Catholic bishopric and it had basked in the reflected glory from that princely court. Now, all that was gone. The very basis of its existence was removed, its population dropped drastically.

The storms of the Reformation swept the Cathedral and the churches clean of ornaments and valuables. Gold and silver were collected by the Danish King's representatives and sent to Copenhagen. All the rest, books, paintings, relics, all that had formed an intrinsic part of a faith, of centuries' heritage, was burned or dispersed in a frenzy which sometimes amounted to outright plunder. The few pieces which still remain as reminders of those days were hidden, at great personal risk, by people who valued their faith or art (or perhaps a good investment), above their own safety.

In 1558 even the five brass Cathedral bells were removed with the intention of melting them down for the weapons much needed by the Danes. However, as the ship carrying the bells was just leaving Stavanger's shore, she ran aground on a rocky island and sank without a trace. The island has been renamed *Klokkeskjærene*, Bell Rocks, and to this day farmers in the area claim they are warned of approaching storms by the peel of bells.

Rundt 400 år tidligere var Stavangers første katolske biskop blitt hengt i Bergen. Nå skulle den siste i rekken møte samme skjebne. Hjulet hadde gått helt rundt, og en epoke tok slutt.

Årene som fulgte, brakte store vanskeligheter og krav om tilpasning til Stavanger. Gjennom århundrer hadde byen vært sete for et staselig romersk-katolsk bispedømme. Nå var det vekk, alt sammen. Selve eksistensgrunnlaget var gått tapt, og innbyggertallet falt til bare 50 sjeler.

Reformasjons-stormen renset Domkirken og de andre kirkene for all pynt og alle verdisaker. Gull og sølv ble samlet inn av danskekongens menn og sendt til København. Alt det andre – bøker, malerier, relikvier, alt som hadde vært et vesentlig element i selve troen, i århundrers arv, ble brent eller spredd med en villskap som til tider var det rene rov. De få ting som er bevart til minne om de dager, ble skjult av folk som løp stor risiko fordi de satte sin tro eller sin kunst høyt – eller kanskje fordi de så det som en god investering som da tellet mer enn personlig sikkerhet.

I 1558 ble til og med de fem messingklokkene fra katedralen fjernet, og planen var å smelte dem om til våpen som danskene trengte så sårt. Men da skipet med klokkene ombord seilte ut fra Stavanger, gikk det på grunn på et skjær og sank uten et spor. Skjærene har fått navnet Klokkeskjærene, og ennå idag sier bøndene i området at de blir varslet om stormer av klokkeklang.

En handelsby
Den langsomme oppgang i Stavanger, som begynte i midten av 1550-årene, gjenspeilte gode tider for internasjonal tømmerhandel og fiske. Mange nederlandske og skotske skip seilte inn på havnen for å hente norsk tømmer.

Kongebrevet som byen hadde fått i erkjennelse av den voksende betydning som handelssentrum, medførte en viss selvstendighet og garanterte rettigheter for befolkningen. Det ble utarbeidet lokale regler og Stavanger ble det administrative sentrum for regionen.

A City of Commerce

The slow upward trend in Stavanger which began in the mid 1550's was a reflection of the international boom in the timber and fishing trades. Scores of Dutch and Scottish vessels were sailing into the harbour to carry away with them Norwegian timber.

The Royal Charter, given to the town in recognition of its growing importance as a trade centre, meant a certain independence and assurance of rights for the townspeople. Local by-laws were established and Stavanger became the administrative centre for the district. The present coat of arms depicting a vine trunk with three shoots stems from 1591, the same year that a town hall was established in what used to be the old Maria Church, whose foundation stones can still be seen by the Cathedral. It was about this time that the locals started to be referred to as burghers, or 'civis', giving birth to the adjective Siddis, used today to describe a native of Stavanger. The little community was called 'Civitas Stavangrensis', its highest authority the 'prefectus'. Stavanger was growing up, her interests and influence spreading. And along with the benefits of this growth came the drawbacks as well: no longer was she ignored in the feuds and the international intrigues raging through Scandinavia; it was no longer possible to quietly mind her own business. Stavanger's business was spread far and she was an active part of Norway, exposed to the changing times.

Years of Hardship

For the next 300 years, until the beginning of the 1800's, Stavanger waged continuous battles against fires, pests, royalty and the Hanseatic League, which had established a commercial stronghold in Bergen. Conditions in town went up and down, but mostly down. There were short bursts of prosperity and long periods of stagnation or decline. The balance was precarious and it did not take much to upset it.

The Hansas held a monopoly on southwestern Norway's commerce, starving Stavanger of any trade of her own. There was no surround-

Våpenskjoldet som bærer en vinstamme med tre skudd, stammer fra 1591, samme år som det ble bygd et rådhus. Det var omtrent på denne tiden at innbyggerne først ble omtalt som borgere eller «civis», som senere ble til vendingen siddis; stadig brukt om folk som er født i Stavanger. Det lille samfunnet ble kalt «Civitas Stavangrensis», og øverste myndighet var «prefektus». Stavanger var i ferd med å vokse opp, og byens interesser og innflytelse spredte seg. Men i tillegg til slike fordeler brakte veksten ulemper. Byen kunne ikke lenger holde seg utenfor de stridigheter og internasjonale intriger som raste i Norden; det lot seg ikke gjøre lenger å bare uanfektet holde på med sitt. Stavangers forretningsinteresser var vidstrakte og byen var en viktig del av Norge – utsatt for tidenes skiftninger.

Vanskelige år

Gjennom de neste tre hundre år, til begynnelsen av 1800-tallet, kjempet Stavangerborgerne en stadig kamp mot brann, pest, fyrster og Hanseatene, som hadde etablert en mektig handelsbase i Bergen. Tidene gikk opp og ned i byen, men mest ned. Det var korte utbrudd av velstand og lange perioder med stagnasjon eller nedgang. Det var en vanskelig balansegang som svært lett ble forstyrret. Hanseatene hadde monopol på handelen i sørvest-Norge, slik at de kvelte Stavangers muligheter til å dirigere sin egen handel.

Bøndene handlet med oppkjøpere som oppsøkte dem, de tok ikke bryet med å komme til markedet. Det alvorligste slag for Stavangers økonomi var imidlertid opprettelsen av Kristiansand, sør på kysten.

Den ene katastrofe fulgte etter den annen: uår, silden som forsvant uforklarlig fra kysten, konkurransen fra Kristiansand, og til og med et par opphevinger av byprivilegiene. På 1700-tallet blomstret silde- og hummerhandel en tid og skapte en liten handels-elite. Men pendelen svingte igjen og brakte med seg enda høyere skatter, inflasjon, og – som om brann var en nødvendig avslutning på enhver ny katastrofe – byen brente delvis i 1768.

Some nice fish for dinner? Next to the Cathedral, the dearest place to Stavanger's heart could well be the fish market.

ing countryside that could support the town. Farmers traded with buyers who came directly to them and did not bother coming to market. And the greatest disaster of all for Stavanger's economy was the foundation of the city of Kristiansand on the south coast.

Catastrophe followed catastrophe: bad harvests, the mysterious disappearance of herring from the coast, competition from Kristiansand, and even a couple of withdrawals of the royal charter. In the 1700's the herring and lobster trade flourished for a while creating a small merchant elite, but the pendulum swung again, bringing yet higher taxes, inflation and,

Årene rundt den amerikanske revolusjon skapte nye muligheter en tid: skipsfarten hadde en hektisk kort oppgangsperiode som ble avløst av en ny stagnasjon.

Slik gikk det, uten at vekst eller velstand varte lenge; på den annen side ga de heller aldri opp. Omkring år 1700 bodde det ca. 1 400 mennesker i Stavanger; de klynget seg til byen sin og de fleste livnærte seg fra sjøen.

På den tid var det 558 hus spredd i området som idag avgrenses av Løkkeveien, Breiavatnet og Skolebekken; bygd tett sammen langs krokede gater.

Domkirken i liv og død
En av reformasjonens følger var at hovedvekten skiftet fra alteret under messen til preke-

as if fire was a natural follow-up of every new disaster, the city was partially reduced to ashes once again in 1768.

The years of the American Revolution created a booming new livelihood for a while: shipping flourished briefly, only to fall back into semi-obscurity.

And so it went, never growing or prospering for long, but on the other hand, never giving up either. By the 18th century, Stavanger's population of about 1 400 people, most of them earning their livelihood from the sea, still clung to their town. There were 558 houses by this time, distributed within the boundaries of Løkkeveien, Breiavatnet and the Skolebekken area, along tightly packed crooked streets.

The Cathedral in Life and Death

One of the consequences of the Reformation was a shifting of the spotlight from the altar during the celebration of Mass to the pulpit, where the priest now held his lengthy fire-and-brimstone sermons.

Listening to the priest was quite free. Journalist Alf Aadnøy recounts in a *Stavanger Turistforening* yearbook. However, listening to the priest seated was another matter. The gentry bought seats on the balconies running along the side of the nave, where they were suitably elevated above the common folk. A customs official would have a mid-balcony for himself and his family, while a shoemaker would probably have been able to afford quite a good seat in the aisle, but a servant boy would have to content himself with a stool in the vestibule from where he would never once catch a glimpse of the priest.

All the same, a place in the Cathedral was still cheaper for the townfolk in life than in death. Burial places in the church were much sought after and could cost up to 20 *riksdaler* for a choice position in the nave. The aisle was considerably less, at 6 riksdaler. At those prices, people felt they were entitled to some enjoyment of their tombstones while they were alive, so they were installed as soon as

stolen, hvor presten nå sto og holdt sine lange svovelprekener.

Det var helt gratis å lytte til presten, forteller Alf Aadnøy i en av Stavanger Turistforenings årbøker. Men å sitte og lytte til ham var noe helt annet. De velstående kjøpte plass på balkongene rundt siden av skibet, hvor de var passende hevet over almuen. En tollfunksjonær kunne ha en midt-balkong for seg selv og sin familie, mens en skomaker sannsynligvis kunne unne seg et brukbart sete i skibet. En tjenestegutt, derimot, måtte nøye seg med en krakk ute i inngangen – hvor han aldri kunne få så mye som et gløtt av presten.

Likevel var en plass i katedralen stadig vekk billigere for byens folk mens de levde enn i døden. Begravelsesplass i kirken var høyt skattet, og kunne koste opptil 20 riksdaler for en spesielt god plass i selve skibet. Sidegangene var langt rimeligere – bare 6 riksdaler. Med slike

The Cathedral and Kongsgård around 1900.

they were paid for and the future occupant could proudly sit and contemplate his own epitaph during the services every Sunday.

Eventually, the tombstones which were set in the aisle and the floor of the choir were removed and by 1800 there were no more burials permitted in the Cathedral.

For the better part of a millenium the Cathedral has been the gathering place for the town's people, the place to go to in times of need or sorrow, to celebrate joyous occasions and seek comfort in trouble. And although much has changed externally over the centuries, the Cathedral has remained constant — and so have the reasons which bring people to the shelter of its walls.

priser mente folk at de hadde rett til å nyte godt av sine gravstener mens de var i live; stenene ble satt opp så snart de var betalt, og den fremtidige bruker kunne sitte stolt og betrakte sin egen etterskrift under gudstjenesten hver søndag.

Med tiden ble stenene som var satt i skibet og korgulvet fjernet, og på 1800-tallet ble det slutt på begravelser i Domkirken.

I bortimot tusen år har Domkirken vært samlingsstedet for byens befolkning, stedet de gikk til i vanskeligheter og sorger, for å feire gledelige begivenheter og søke trøst. Og selv om mye av det ytre har endret seg gjennom århundrene er Domkirken den samme — i likhet med grunnene som får folk til å søke seg inn i den.

The market place: an instant restorer of good spirits.

Stavanger Harbour

OF SHIPS AND FISH AND BRAVE MEN OF THE SEA

If you stand at the top of the market steps looking toward the sea, you will be standing in between the two lifegiving forces of Stavanger: behind you the Cathedral, the spiritual power; ahead of you the harbour, its material support.

It was the harbour which provided for the survival of the town and its people one way or another, throughout the ages. Stavanger's fortunes have always been closely interwoven with what the sea did, or dit not, bring her.

The Vikings made the seas their highway to conquests, and the harbour may even have given their longships shelter.

In early Christian times the clergy ran a busy overseas trade and the harbour received their ships as well as the small craft of the farmers and fishermen who came to the town to pay their taxes and to sell their wares at the market.

Then, much later, during the prosperous days of the sailing ships, the harbour welcomed the parade of tall white sails bringing cargo and wealth for their owners, and employment for the rest of the population.

Lined with docks, shipyards, warehouses and terminals, the harbour has brought Stavanger's burghers food, given them a livelihood and an easy gateway to the world.

And now, the sea provides yet more riches, more than even the most ambitious merchant and shipowner of the past could have dreamed of; under he seabed lies the legacy of millenia: North Sea oil.

Står du øverst på Torvtrappene og ser ut mot sjøen, befinner du deg i feltet mellom Stavangers to livgivende krefter: bak deg Domkirken, den åndelige makt – og foran deg havnen, som gir materielt grunnlag.

Det var havnen som på forskjellig vis sørget for at byen og dens befolkning klarte seg gjennom tidene. Stavangers skjebne har alltid vært nøye knyttet til de goder sjøen ga – eller ikke ga.

Vikingene utnyttet sjøen for sine erobringer, og havnen beskyttet skipene deres.

I den første kristne tid drev presteskapet travel, internasjonal handel og havnen skjermet både bønder og fiskere, som kom for å betale skatt og selge varene på markedet i byen.

Og så, langt senere, i de hvite seils velmaktsdager, tok havnen imot en parade av høye, hvite seil som skaffet varer og velstand til eierne, og arbeid til resten av befolkningen.

Havnen, med sine kaier, verft, brygger og terminaler, har brakt Stavangers borgere mat, gitt dem et utkomme og lettvint forbindelse med utenverdenen.

Og nå gir sjøen atter en annen form for rikdom, mer enn selv den mest pågående handelsmann og reder i tidligere tider kunne drømt om. Under havbunnen ligger arven fra millioner av år tilbake: Nordsjøoljen.

Vågen with Strandkaien as it looked about 1930.

Highlights from the 18th and 19th centuries
The long years stretching all the way from the foundation of the town until the beginning of the 18th century were but a slow awakening process.

At the beginning of the 1800's the town had 2.500 inhabitants living about four to a house, built side by side along 46 crooked little streets. Most of those who worked made their living from the sea as fishermen or sailors. Life was hard and many who were unemployed relied on charity for survival.

De lange år som strakte seg helt fra byen ble grunnlagt til begynnelsen av det 18. århundre, var bare en langsom oppvåkningsprosess.

I begynnelsen av det 19. århundre hadde byen 2 500 innbyggere som bodde gjennomsnittlig fire i hvert hus, bygd tett sammen langs 46 små krokete gater. De fleste forsørgere fikk utkomme fra sjøen som fiskere eller sjøfolk. Livet var hardt blant de mange arbeidsløse som måtte leve på almisser.

Og så, etter en forholdsvis døsig tilværelse gjennom 700 år, kom Stavanger plutselig til liv. Det var silden som skapte de nye muligheter. Nøkkelordene i det 19. århundre var vekst og utvikling, både i økonomi og folketall. Det ble

After a rather somnolent existence lasting 700 years, Stavanger suddenly sprang to life, kissed awake by Prince Charming in the guise of the humble herring. The key words in the 19th century were growth and expansion, both in economy and population. New herring markets were found around the world and, for a half a century, herring fishery prospered and brought a hitherto unknown wealth to the town.

From the beginning of the 1800's until about the middle of the century, the boom in the herring industry created a new aristocracy in Stavanger: the herring merchants.

funnet nye sildemarkeder særlig i Østersjø-området, og gjennom et halvt århundre blomstret sildefisket og brakte rikdommer i en ny målestokk til byen.

Fra begynnelsen av 1800-tallet til omtrent midten av århundret skapte den blomstrende sildeindustrien et nytt aristokrati i Stavanger: sildehandlerne.

Den nye eliten
De arbeidet hardt og hadde pågangsmot. De trodde på pengenes makt og på bønn – i den rekkefølge – og de hadde ingen ting til overs for lettsindigheter. Familiefedre var ekte patriarker, brødre gikk sammen i forretninger

Gamle Stavanger – irregular streets made for truly satisfying tours of discovery. Stavanger is the European city with about the largest proportion of timber houses, in use and maintained in high esteem.

Herring Merchants: The New Elite

They were a hard working, dedicated lot. They believed in the power of money and of prayers, in that order, and they did not hold with frivolity. Heads of families were true patriarchs; brothers joined forces in business and sons were carefully groomed to take over in good time. Marriages and mergers among the wealthy families were strategically planned. And they were conscious of their civic duties, shouldering responsibilities for the poor and accepting leadership in community matters. They travelled in Europe, saw how the rich lived elsewhere and came home to have houses built in a style which suited their situation. A number of these houses still stand today: Breidablikk, Ledaal, the present Folkets Hus in Hillevåg, all bear witness to those bygone days when democracy was not held in quite the same regard as it is today.

In addition to this core of established merchants were the shrewd and diligent newcomers, many from the sternly religious Haugian sect, who formed a prosperous middle class.

Stavanger's most famous spokesman of that age, writer Alexander Kielland who was himself born into one of the wealthiest merchant families, gives the following thumbnail sketch of a Haugian herring dealer in his novel Skipper Worse:

'Year after year they prospered, their capital increased but was put right back into the business. He who one year had managed to salt 1.000 tons of herring, wanted 3.000 tons the following year. They let no opportunity escape, they used every resource; meek and mild with their psalms and their gentle speech, in reality they were bold and daring speculators.'

Then, towards mid-century during a decline in the herring trade, these astute merchants saw another opportunity. Having herring money aplenty to invest, they gradually eased into the up and coming international freight trade and thus became merchant-shipowners. The times were just right for such a venture — the Crime-

Alexander L. Kielland, the author, in the days when he was serving as the Lord Mayor of Stavanger.

og sønner ble omhyggelig opplært til å ta over med tiden. Giftemål og sammenslutninger blant velstående familier ble strategisk planlagt. De var seg sine borgerplikter bevisst, tok ansvar for de fattige og tok på seg ledelsen i samfunnsanliggender. De reiste Europa rundt, så hvordan de rike hadde det andre steder, og bygget hus i en målestokk som sømmet seg deres posisjon når de vendte hjem. Flere slike hus eksisterer den dag i dag: Breidablikk, Ledaal, og det som nå er Folkets Hus i Hillevåg, vitner alle om de svundne dager da demokratiet ikke hadde helt den samme posisjon som idag.

I tillegg til denne kjernen av etablerte kjøpmenn fikk man så de lure, arbeidssomme nykomlingene — mange fra den strenge haugianer-gruppen — som dannet en velstående middelklasse.

Stavangers mest kjente talsmann for den tiden, Alexander Kielland, som selv var medlem av en av de mest velstående kjøpmannsslektene, tar en sildehandler fra den strenge Haugianersekten på kornet i romanen «Skipper Worse»:

«År efter år gikk det dem godt; deres kapital øket: men de satte den straks i forretningen. Den som et år hadde saltet 1000 tønner, vilde til næste år ta 3000; de var ute om sig på alle kanter; satte alle seil til, og mens de gikk så stille med sine salmer og saktmodige tale, var de i virkeligheten dristige — jo forvovne spekulanter.»

Og så, mot midten av århundret, da en nedgang i sildehandelen ble merkbar, så disse kvikke forretningsfolk en annen mulighet. De hadde godt med sildepenger å investere. Gradvis beveget de seg inn på det nye og raskt voksende internasjonale fraktmarked og ble derved kjøpmenn og redere i kombinasjon. Tidene var ideelle for slike forretninger — Krimkrigen, opphevelsen av sjøfartsrestriksjonene i England, åpning av Svartehavsområdet for kornhandel, liberaliseringen av verdenshandelen i sin alminnelighet, alt dette bidro til deres velstand.

Fra 1855 til 1875 tredoblet de Stavangers flåte av seilskuter til 650 skip, og gjorde Stav-

an war, the removal of the Navigation Act by England, the opening of the Black Sea area for grain trade, the liberalisation of world trade in general, all contributed to their success.

Between 1855 and 1875 they tripled Stavanger's sailing fleet, bringing the total of vessels to 650 and making Stavanger the second largest shipping port in Norway, after Arendal on the south coast. Population grew accordingly: from less than 4000 inhabitants in 1825, Stavanger had grown to a city of 20.000 by 1875, partly due to local prosperity attracting many from the neighbouring districts, to the extent that every third person in town was a newcomer.

Life in the 19th century

The small frame buildings hugged the harbour closely, as if confirming its inhabitants' dependence on the sea.

Docks as we know them today did not exist yet, but the waterfront as ringed by some 170 wooden wharves called *sjøhus*, meaning literally 'seahouses'. Tall, narrow buildings three or four stories high, they had a hoist jutting

anger til Norges nest største havn, etter Arendal. Befolkningen vokste i takt med utviklingen: fra mindre enn 4 000 innbyggere i 1825 var Stavanger vokst til en by med 20 000 i 1875, delvis fordi den lokale velstanden trakk til seg mange fra omliggende områder – i en slik grad at hver tredje innbygger var innflytter.

Stavanger i det 19. århundre

De små trebygningene krøp sammen rundt havnen, som om de ville bekrefte innbyggernes avhengighet av og tilknytning til sjøen.

Kaier slik vi har i dag fantes ikke, men rundt havnen lå det rundt 170 sjøhus, bygd av tre. Høye, smale tre- eller fire-etasjes bygninger; gavlen ut mot vannet og en stor dør i hver etasje hvor varene ble lagret. Vinduene på begge sider slapp igjennom litt lys til lagerrommene med rader av stolper, vanligvis hele furustammer som bare var barket, og med stokker i kryss i veggene med grov murstein imellom.

– as the women and young girls whose job it was to clean the fish ran to the sjøhus . . .

'Straen' quay. The building on the right is an old cannery, beautifully restored by Mobil, who uses it as one of its office buildings.

out from under a small gable in the roof and a large door on each floor, facing the front, through which the merchandise would be taken in and out. Windows on either side would allow a little light to filter into the cavernous store rooms with their rows of supportive pillars, usually massive pine trunks with just the bark peeled off, and wooden beams criss-crossing the walls with rough bricks filling in the spaces between. Tucked away in a corner on the ground floor would usually be an office behind whose small paned windows sat a book-keeper on a high stool, entering line after line of fine, spidery writing in huge ledger books.

These sjøhus served as docks, warehouses, offices, shops, all in one. Being directly on the waterfront, the ships could tie up next to them and have their cargo lifted straight inside. At the rear of the wharves, facing a street running parallel to the seafront, were the resi-

Gjemt i et hjørne i første etasje var det som regel et kontor, hvor kontoristene satt på høye krakker bak smårutede vinduer og skrev den ene linje etter den annen med sirlig skrift i svære regnskapsbøker.

Disse sjøhusene gjorde tjeneste både som kai, lager, kontor og butikk. Båtene la til like ved for å losse og laste. På baksiden av sjøhusene, mot gatene som gikk parallelt med havnen, var eiernes boliger, og på den andre siden av gaten lå hagene deres.

Inne i de mørke og «velstandsduftende» sjøhusene var det fullt av tretønner, salt og alt det andre som skulle til for å fiske, salte, lagre og selge silden.

Kielland beskriver hvordan byen, mangen en natt, våknet til lyden av rustne ankerkjet-

47

In the area around 'Badedammen' lived many of the craftsmen who worked in the shipyards.

dences of the owners. Across the street from these were their gardens.

Within the dark, prosperous smelling interiors of these sjøhus stood all the wooden barrels in which the herring were packed, sacks of salt and all the other paraphernalia that went with catching, salting, storing and selling the herring.

Kielland describes how many a night the town would wake to the rattle of rusty anchor chains being lowered as the fishing fleet put into harbour, often after months of absence and the anxiety of loved ones, and of investors.

An oil lamp would go on here and there at the tops of the sjøhus the salt stores would be unlocked, the barrels readied as the first of the silvery herring was flung onto the sjøhus floors. The cry would spread through the town: the herring had come!

One by one, the lights would come on in every house and countless coffee pots would be set on stoves as the women and young girls whose job it was to clean the fish dressed in a flurry of laughter and relief, teeth chattering with excitement as much as cold. Their heads wrapped in thick scarves to protect them from the sores herring brine could make, they would run to the sjøhus which had promised them a job, to find their place at the endless

In the area around 'Badedammen' lived many of the craftsmen who worked in the shipyards.

tinger som ble firt når fiskeflåten kom i havn, ofte etter mange måneders fravær som innebar bekymringer både for de kjære og for investorene.

En oljelampe ble tent her og der øverst i sjøhusene, saltlagrene ble løst opp, tønnene gjort klar mens de første sølvglinsende sildene ble slengt inn på sjøhusgulvene. Ropet spredde seg i byen: Silden er kommet!

Ett etter ett ble lys tent i alle hus. Utallige kaffekjeler ble satt over mens kvinner og ungpiker kledde seg i en bølge av latter og lettelse, med tenner som klapret like mye av spenning som av kulde. Med hodene tullet inn i tykke skjerf, sprang de til sjøhusene for å ta sin plass ved den lange raden av bord, hvor de sto opp over treskoene i sild, og renset i rasende fart.

Mange av disse sjøhusene står der ennå, hovedsakelig takket være en liten gruppe som var forutseende nok til å hindre byplanleggerne i å kvitte seg med dem under en moderniseringsbølge. Noen synker stille sammen, ned mot vannet, med treplanker sølvskinnende av alderens patina. Andre er omhyggelig restaurert, med indre vegger renset slik at de gamle murstenene er kommet frem sammen med tømmeret, og tilpasset det 20. år-

rows of tables where they stood, clog-deep in herring, gutting the fish with small knives and lightening speed, to the flickering light of a tallow candle stuck in the middle of a mound of fish.

Many of these wharves still stand, thanks to a small group with the foresight to discourage town planners from doing away with them in a rush of modernisation in the '50s. Some are gently collapsing into the water, their wooden planks silvery with the patina of age. Others have been carefully restored, the inner walls scraped to reveal the original bricks and wooden beams, and adapted to 20th century demands to serve as stores, restaurants, showrooms. The oldest remaining ones in town are the group on the eastern side of Vågen.

The Big Fire
The cry that went through the town in the dark of night was not always as welcome as the one announcing the fleet. The merchants would listen anxiously in their beds for the 'all's well' of the night watchmen to dispel their visions of leaping flames consuming a lifetime of hard work. Fire insurance was not for them; many felt it showed a sinful distrust in the will of God.

Sails dominated Stavanger harbour until the turn-of-the-century. The steam-driven fire-fighting vessel 'Nøk' was purchased in 1880, and served for over 50 years.

hundres behov – som forretninger, restauranter, utstillingslokaler. De eldste som er bevart er den gruppen vi finner på østsiden av Vågen.

Storbrannen
Ropet som gikk gjennom byen i nattemørket var ikke alltid så velkommen som når det var flåtens ankomst det gjaldt. Kjøpmennene lå bekymret i sengene sine og ventet på vekternes «alt er vel» for å fortrenge tankene på slikkende flammer som kunne spise opp et langt livs hardt arbeid. Brannforsikring lå ikke for dem; mange mente at det ville reflektere en syndig mangel på tillit til Guds vilje.

En skjebnesvanger natt i 1860 lød det fryktede ropet «brann» gjennom byen. Da redsel og forvirring, lyden av løpende føtter og klasking med våte seil mot brennende hus var over, hadde brannen redusert 250 bygninger til aske og gjort rundt 2 000 mennesker hjemløse. Hele det tettbygde Holmen-strøket øst for Vågen var ødelagt av flammene.

Byen reiste seg på ny. Katastrofen hadde skapt et sterkere engasjement i samfunnsbehov; byen skulle ikke lenger vokse vilt, – i fremtiden skulle det planlegges omhyggelig.

One fateful night in 1860, the dreaded cry 'fire!' did come, along with the warning canon boom from Valberg tower. By the time the fear and confusion, the running feet and slapping of wet sails on burning houses was done with, the fire had turned 250 buildings to ashes and left some 2.000 people homeless. The entire closely packed Holmen district east of Vågen was devastated, the flames leaping easily through the tightly packed wooden houses.

But the town rose again. The disaster had awakened a growing concern for the town's public needs; no longer would it grow wild, there was to be careful planning in the future. Economy was good and the sobering experience was responsible for Stavanger's first water and sewerage system. No longer did the women have to fetch buckets of water from public wells, they had just to turn a tap in their own houses and water would flow, in unsociable efficiency. The first proper fire brigade was organised at this time.

A railway line was also built, connecting the town with the Jæren farms to the south. Stavanger's harbour-oriented people were delighted but they did wonder why the station had been built so far out of town, all the way across Breiavannet?

Many of the houses and the layout of central Stavanger date from the reconstruction after the fire. Business was booming, the population was increasing and so were the sailing ships in the harbour. It seemed as if good fortune must last forever and nothing would ever go wrong again. And it was precisely this attitude of overconfidence with speculative investments and an inflated market which was to bring the crash that would wipe out most of the great businesses by 1880.

But in 1875 the town had 20.000 inhabitants and more kept coming. There was work to be had and young men on farms looked eagerly to the city and imagined sacks of gold for the taking. They set forth to try their luck, often starting their careers as apprentices in

Økonomien var god på den tiden og denne vekkeren ga inspirasjonen til Stavangers første vann- og kloakksystem. Kvinnene behøvde ikke lenger hente vannbøtter fra brønner. De kunne bare skru på kranen i sine egne hus for å få vannet til å strømme på et effektivt vis som kuttet ut samværet ved vannposten. Det var også på denne tid at det første brannvern ble organisert.

Det ble også bygget en jernbane, som forbandt byen med bondegårdene på Jæren mot sør. Stavangerfolk, som var vant til å leve rundt havnen, frydet seg, men de lurte likevel på hvorfor stasjonen var så langt utenfor byen, helt på den andre siden av Breiavatnet?

Mange av husene og mye av gatenettet i Stavanger sentrum stammer fra gjenoppbyggingen etter brannen. Forretningsstanden blomstret, befolkningen vokste og det gjorde også antall seilskuter på havnen. Det så ut som velstanden skulle vare evig, og som intet kunne slå feil. Og det var akkurat dette overmotet, med spekulative investeringer og et inflatert marked, som skulle føre til krakket som fikk de fleste store forretninger til å bryte sammen i 1880.

Men i 1875 hadde byen 20 000 innbyggere – og flere strømmet til. Det var arbeid å få og unge bondegutter så med iver mot byen hvor de trodde lykken var å finne. De begynte ofte som læregutter ved ett av kjøpmannshusene og endte til tider som kompanjonger eller selvstendige kjøpmenn; kanskje ved hjelp av giftermål med sjefens datter, enke, eller én eller annen velstående dame.

Samfunnet: topp og bunn
Avstanden mellom en kjøpmann-reder og den gjennomsnittlige arbeider var så enorm i det 19. århundre at det er vanskelig å forestille seg det i dagens utjevnings-Norge med sin Jante-

Right: On the night between the 12th and the 13th of March 1860, fire broke out in Stavanger, in the 'Holmen' area, and destroyed 204 houses. Five years later re-construction was well advanced, as we can see from this 'Nedre Holmegate' scene.

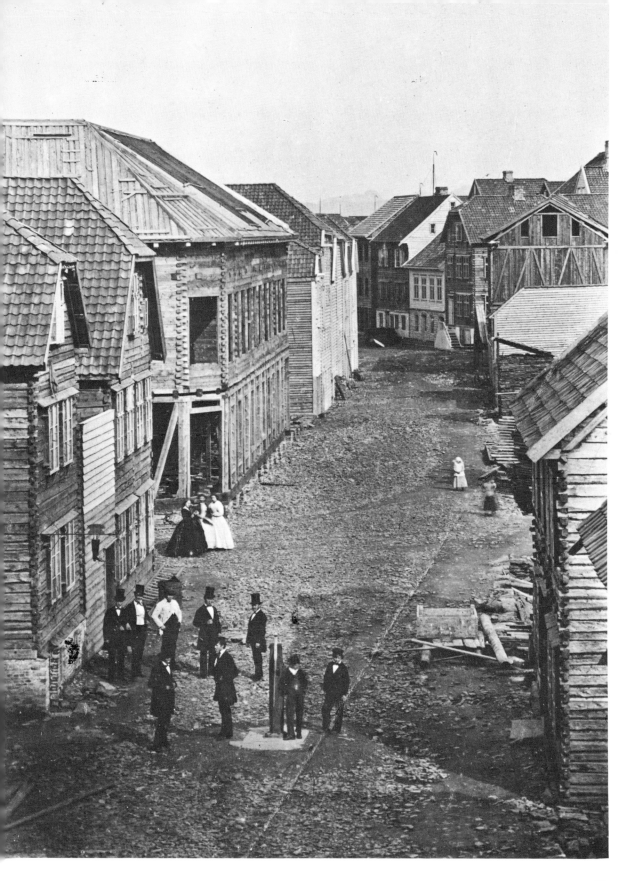

The old 'Klubben' building – this is where the 'Handels-forening' was built in the 1930s, opposite the Cathedral.

one of the merchant houses, and sometimes ending them as partners or merchants in their own right, perhaps helped along the way by marriage to the boss's daughter, widow or some other well to do local lady.

Society: The Heights and The Depths

The distance in the 19th century between a merchant-shipowner and the average working man was of a vastness difficult to visualise in today's equalitarian Norway with its *Jante law*, the 'just don't you believe you are any better than me' attitude.

Class distinctions were many and subtle. At the very highest rung of the social ladder the merchants, shipowners and the local authorities constituted what the town called the *fiff*. Next came the small shop owners and skilled tradesmen who were dignified with the title *semi-fiff*, not admissible into the homes and clubs of the fiff, but still vastly superior to 'the common people' who made up the great majority of the population.

Klubben: The Club

A whole string of groups and associations flourished in Stavanger, each striving to outdo the other in idealistic goals and good deeds, be it for this world or the next.

lov: «du skal bare ikke tro du er bedre enn meg»-innstillingen.

Klasseforskjellene var både tallrike og subtile. På aller høyeste trinn av den sosiale stigen var kjøpmenn, redere og embetsmenn; det som byen kalte «fiff»en. Under dem sto små-kjøpmenn og fagfolk som ble beæret med navnet «semi-fiff» – de kunne ikke ferdes i «fiff»-ens hjem og klubber, men de var likevel høyt hevet over «almuen» som utgjorde langt den største del av befolkningen.

Klubben

En rekke grupper og foreninger blomstret i Stavanger. De kappedes om å ha de mest idealistiske mål, og gjøre de beste gjerninger, enten det nå gjaldt denne verden eller den neste.

Så var det Klubben da. Akkurat det: Klubben. Det trengtes intet annet navn. Klubben ble grunnlagt i 1784 av velstående kjøpmenn, utelukkende for felles hygge. De viste bedre vett (eller mindre dømmekraft, ettersom man ser det) enn sine britiske åndsfrender, for den var åpen for begge kjønn. Vi siterer fra lovene av 1823:

Then, there was The Club. Just that, no other name required. *Klubben* was founded in 1784 by wealthy merchants for solely social purposes. They showed better sense (or inferior judgement, depending on viewpoint) than their British counterparts, for it was open to both sexes. The 1823 constitution states as the Club's objectives

'that among Friends and Acquaintances of both Sexes, in a pleasant and entertaining circle to find Peace after Business and Pleasure in a cultured and good humoured social atmosphere, whereby all Chicanery, Bitterness and Coarseness should be banished for ever.'

No mean task, that. But it must have succeeded, for after many changes of address, one of them on Klubbgate which was named after it, and two hundred years of existence, Klubben is still going strong.

At the lower end of the scale were the army of servants needed to run the grand households of the fiff. It was cheap labour and the hours as long as it suited the masters. Every third or fourth Sunday was free, and then the youngest of the servants would flock to the promenade on *Lagårdsveien,* where they would meet present or future boy friends. The girls wore solid, serviceable clothing and scarves on their heads. To even attempt to imitate their fashion-conscious mistresses would have been taken as effrontery by the upper classes, and downright laughable by their own.

Normally, maid servants were given their own little room, sometimes no more than a dark cubicle under a staircase or, in a semi-fiff household, only a shelf-like bed under a kitchen counter. Still, had she stayed at home, not only would she not have had her own room, but would probably had to share a bed with half a dozen sisters as well. Many of the girls came from the country and had they not gone into service in town, they would have had to work the same dawn to dusk hours on the farm. But then, for the womenfolk, after farm work came housework: cooking, baking, spinning, weaving, knitting, looking after the little ones. So, in all likelihood, going into service must have seemed like an escape into leisure for most of the girls.

«Selskabets Øiemed er blandt Venner og Bekjendtere af begge Kjøn, i en behagelig og underholdende Kreds at finde Hvile efter Forretninger, og Glæde ved en dannet og blid Omgangstone, hvoraf al Chicane, Bitterhed og Raahed for stedse skulde være forjaget».

Slett ingen liten oppgave. Men det må ha vært vellykket, for etter mange adresseforandringer – én av adressene var Klubbgaten, som er oppkalt etter den – og to hundre års eksistens, er Klubben der fremdeles.

I den lavere enden av skalaen sto den hær av tjenestefolk som måtte til for å holde «fiff»ens husholdninger i gang. Det var billig arbeidskraft og arbeidsdagen var akkurat så lang som det passet herskapet. Hver tredje eller fjerde søndag var fri, og da pleide de yngste tjenestefolkene å promenere på Lagårdsveien, hvor de møtte sine daværende eller fremtidige kjærester. Jentene brukte tung og formålstjenlig kledning med skjerf på hodet. Om de så mye som hadde prøvd å etterligne sine motebevisste fruer, ville det blitt oppfattet som frekkhet av overklassen – og som direkte latterlig blant dem selv.

Vanligvis fikk tjenestepiker sitt eget lille rom, ofte ikke mer enn et mørkt kott under en trapp, eller i en «semi-fiff»-husholdning bare en hylleaktig seng under en kjøkkenbenk. Men dersom de var blitt hjemme, hadde de ikke bare måttet dele værelse, men sannsynligvis også seng, med flere av sine søsken. Mange av pikene kom fra landet, og hvis de ikke hadde tatt tjeneste i byen, ville de hatt like lang arbeidsdag – fra daggry til skumring – hjemme. For kvinnene kom husholdningen etter gårdsarbeidet: matlaging, baking, spinning, veving, strikking og stell av barn. Derfor virket det å ta tjeneste i byen sannsynligvis som en flukt til et bedre liv for de fleste.

En tjenestepike skulle være nøysom, lojal og fremfor alt aldri uvirksom. En liten bok som sier mye om dette, ble utgitt i 1840 av en prestekone. «Til hjelp og glede for tjenestefolk» antyder at dersom tjenestepiken måtte sitte oppe og vente på herskapet, burde hun ikke bare fordrive tiden men lese en God Bok dersom hun da hadde lov å bruke lys. Hvis ikke, kunne hun strikke. Ledige øyeblikk i

A small steamer, built of wood, the 350-ton 'Meta' was used for a long time to carry ice to England. Here, the vessel in dry dock at Stavanger Støberi & Dok.

A maid servant was to be thrifty, loyal and above all was never to be idle. A most illuminating little booklet published in 1840 by the wife of a pastor for the *Instruction and Benefit of Servants* suggests that if waiting up for the Masters to come home late, the good servant should read a Good Book if she is allowed light. If not, she could always knit. Spare moments in the kitchen were to be used to carry in firewood and water. And above all, to be economical with her use of firewood as this was a great expense for the Masters. Beside her hints on kitchen management and economy, the parson's good wife also composed some edifying little ditties, presumably for the scullery maid to hum as she scrubbed her way merrily across the kitchen floor.

After a few years, the contry girls usually returned to their village and married. The town

kjøkkenet skulle brukes til å bære ved og vann. Og fremfor alt burde hun være sparsom med ved, siden det var en stor utgift for herskapet. I tillegg til slike tanker om kjøkkenstell og økonomi skrev den gode prestekonen også noen små oppbyggende vers, antakelig for at kjøkkenpiken skulle nynne dem mens hun lystig skrubbet seg over kjøkkengulvet.

Etter et par år dro bondejentene som regel hjem til bygden og giftet seg. Byjentene giftet seg gjerne med en sjømann eller arbeidsmann, og flyttet inn i to bittesmå leide rom og delt kjøkken i ett av byens små trehus. Der fikk de 8–10 barn, og drømte kanskje om en kjøkkenhylle til å sove på, helt for seg selv.

girls would marry a sailor or a labourer with whom they would move into two tiny rented rooms and a shared kitchen in one of the little frame houses in town, where they would rear 8–10 children.

And perhaps sigh for a kitchen shelf all to themselves to sleep on.

Days of the Tall Ships

The shipowners thrived during the days of the white sails. There was cargo to be carried across the oceans of the world and they were equal to the task, whether it was wine from the Mediterranean or fruit from the West Indies.

A constant air of excitement hung over the town in those days. The return of a schooner would be spotted by some anxious shipowner's binoculars while still but a dot on the horizon, and by the time it glided triumphantly into harbour like a gigantic white

The 'Steinkar' were used when tall ships needed scraping and repairing.

Seilskutetiden

Rederne gjorde det godt i seilskutetiden. Frakt skulle over verdenshavene og de mestret oppgaven, enten det nå var vin fra Middelhavet eller frukt fra Vest-Indien.

Det lå spenning i luften over byen i de dager. En hjemvendende skonnert ble gjerne oppdaget i kikkerten til den ivrige reder mens den ennå bare var en flekk i horisonten, og når den så gled inn på havnen, stolt som en hvit svane, pleide hver kone og kjæreste sammen med omtrent alle andre å stå ved havnen, vinkende med lommetørklær – mens de sendte opp en stille takkebønn for trygg hjemkomst. Skipene brakte synlige og konkrete hilsener fra fjerne, eksotiske land: silkestoffer og krydder og merkelige historier. Sjøsettingen av et skip var en sosial begivenhet uten like og en kilde til konkurranse mellom rederne.

Og så, i vintermånedene mens skipene ventet på godvær for å seile ut igjen, lå de som en høy og tett skog av master midt i Vågen.

Gjennom en årrekke satset Stavangers redere på seilskip, og denne satsingen ble rikelig belønt. Selve driften av skipene ble overlatt

swan, every wife and sweetheart, plus just about everyone else, would be lining the waterfront waving handkerchiefs and offering a silent prayer of gratitude for their safe return. The ships brought visible, tangible proof of distant, exotic lands: silks and spices and tales of wonder. The launching of a new ship was an unequaled social occasion and a source of competition among the owners.

Then, in the winter months the ships would be silently waiting for good weather to start their journeys again, forming a tall, dense forest of masts in the centre of Vågen.

For years, Stavanger's shipowners put their trust in the tall ships and their trust was repaid handsomely in cash. The actual running of the ships was left to the skippers, who secured cargo and conducted negotiations on behalf of the owners. As an incentive to loyalty, the skipper was allowed a certain amount of cargo of his own on board, which eventually made some of the more astute ones enough money to invest in a ship of their own.

Life on board was not one of ease in those days, before work environment acts and

til skipperne, som ordnet med frakt og forhandlet på vegne av eierne. For å sikre skipperens lojalitet fikk han en viss mengde frakt for egen regning om bord, og dette systemet gjorde det etterhvert mulig for dem som hadde best forretningssans å investere i egen skute.

Livet om bord var slett ikke lett i de dager, lenge før arbeidsmiljølov og sterke fagforeninger. Mennene jobbet i fire-timers vakter og med fire timer fri, og måtte ofte tre til i fritiden i tillegg dersom noe måtte gjøres i en fei. Maten var enkel, kahyttene mørke og små og ofte kalde. Men det ble krevet mye av dem. Mennene måtte være i stand til å håndtere den innviklede riggingen, ha mot til å klatre i den, ofte i mørke med stormsjø opptil hundre fot nede. Det var et hardt liv som skapte en rase av barske sjøfolk, et yrke som oftest gikk med stolthet i arv fra far til sønn.

Et gammelt lokalt ordspråk sier at «dette var tiden da skip var av tre og menn av jern».

Bygging og vedlikehold av seilskuter
Da seilskutetiden var på sitt høyeste hadde Stavanger hele 14 verft, spredd langs sjøkan-

56

unions became factors to contend with. The men worked four hours on, four off, and would often have to pitch in during their time off as well if there was something needing attention in a hurry. Food was plain at best, their quarters dark and cramped and often cold. Demands however, were high: the men needed expertise to handle the involved rigging, courage to climb it – often in the dark – with stormy seas raging hundreds of feet below them. It was a hard life which created a race of tough seamen, a trade usually passed with pride from father to son.

According to an old local saying, 'those were the days when ships were made of wood and men of iron'.

The Building and Care of Sailing Ships

At the peak of the sailing era, Stavanger had as many as 14 shipyards strung out along its coastline, between the town and *Hillevåg*. They built ships that were fast and sturdy and equal to any around the world.

Several workshops and shipyards along the

ten mellom byen og Hillevåg. De bygget raske og solide skuter som kunne måle seg med de beste. Det var også mange små og store verft innover i Ryfylke, som i stor grad bygget for Stavanger-redere.

Tørrdokker var ikke kommet ennå, så rutinemessig vedlikehold ble gjort ved to små skjær like utenfor bryggen ved Strømsteinen. Skjærene, Steinkaret, lå under vann ved høyvann slik at skipene kunne legge seg ved siden av dem og bli veltet over ved lavvann for skraping og reparasjon av skroget.

På ett av Steinkarene var det en stenhytte som ble kalt bekhus, og der ble tjæren som ble brukt til å tette sprekker mellom bordene og skroget, lagret og varmet opp. Dette bekhuset, som er det eneste som ennå fins her i landet, er nylig blitt restaurert. Siden kaien ble utvidet, er det mulig å gå dit tørrskodd fra Strømsteinen, nær Taufergen i Stavanger havn.

The overlapping styles of two eras. The 'SS Ryfylke' was the town's first graceless 'kettle' of a steamship; compared with the 'Imperator' – the ultimate in elegance of design inherent in later sailing ships.

Ryfylke fjords also built ships for the Stavanger ship owners.

Dry docks were unheard of as yet, so for routine maintenance there were two small islands side by side just off *Strømsteinen* quay. The islands, *Steinkaret*, were submerged at high tide. Ships would tie up beside them and, when the tide went out, they could be laid on their sides for the hulls to be scraped and repaired.

On one of the *Steinkar* there was a stone hut called the *bekhus*, the pitch-house, where the tar used for filling in gaps between planks on the hull was kept and heated. This bekhus, which is the only remaining one in Norway, has recently been restored and since the extension of the quayside, can now be reached dryshod at Strømsteinen, near the Tau ferry landing in Stavanger harbour.

Growing Pains:
The Transition from Sail to Steam
When the time came to give serious thought to steam ships, it was done with considerable reluctance and only after most other ports had switched to the more modern method already.

Vekstproblemer: overgangen fra seil til damp
Da tiden kom til å overveie dampskip, skjedde det nølende og først etter at de fleste andre havner hadde gått over til mer moderne fartøyer. For en gangs skyld var ikke Stavanger rask til å utnytte en ny tendens.

Men så var da heller ikke denne så lett å se. Hele Stavangers økonomiske struktur var basert på bygging, vedlikehold og drift av seilskuter. Overgangen til damp ville ikke bare gjøre slutt på seilskutene, men også en rekke andre fag som reperbaner, seilmakere og utallige andre som tjente sitt brød på skutene. Dessuten var det meste av fortjenesten fra internasjonal handel investert i anlegg for seilskuter. Dampskip ville kreve dokker, og det er forståelig at rederne nølte med å skifte.

Den gamle og hevdvunne måten å seile et skip på var forbi. Ikke bare hadde en djevelsk dampkjel erstattet skikkelige, ærlige vinder som Gud skapte, men det oppsto et telegrafsystem som krevet øyeblikkelige avgjørelser om problemer på den andre siden av jorden. Til tider på fremmede språk, til og med. Plutselig måtte eieren ha grundig kjennskap til det internasjonale fraktmarked, han måtte ordne med mannskap som gikk i land i fremmede havner, med nødvendige reparasjoner i skipsmaskineri eller skrog i fjerne land. Til dette trengte han kunnskaper i fremmede språk, og en viss teknisk innsikt.

For once, Stavanger was not quick to seize a new trend.

The trend was not an easy one to follow. For one thing, Stavanger's entire economic structure had been built on constructing, maintaining and operating sailing ships. The change to steam would eliminate not only the sailing ships but scores of other, related trades such as rope makers, sail makers and countless others who depended for their livelihood on the sailing ships. Besides, much of the profits from international trade had been invested in wharves, yet the steam ships would require docks. Shipowners were naturally reluctant to change.

The old, established way of running a ship was gone. Not only had a devilish steam kettle replaced good, honest, God-given wind, but a telegraph network came into existence demanding instant decisions on problems half way across the globe. And sometimes in a foreign language, to boot. All of a sudden, the owner needed a thorough knowledge of the international freight market, he needed to cope with hiring and releasing crews in foreign ports, with repairs needed by the ship's machinery or hull in a distant country. For this, he needed a basic knowledge of foreign languages and also some technical expertise.

The town's shipyards had adjustments to make as well and many did not survive the transition. One that not only survived but prospered was *Stavanger Støberi & Dok*.

All the same, the time came when a few of the more venturesome owners decided change was needed. They formed a joint company and after due and cautious deliberation, decided to order the first steam ship from a yard in Glasgow. Thus, *Det Stavangerske Dampskibsselskab*, or DSD came to life. The company, with its modern headquarters by Børevigen, dominates local shipping activity now, as it did a century and a quarter ago.

The first steam ship, named the 'Ryfylke', arrived in the autumn of 1855, paddle wheels churning either side and smoke billowing from a tall, thin smokestack. The contract had

Byens verft måtte også tilpasse seg, og mange klarte ikke overgangen. Ett som ikke bare klarte seg, men blomstret, var Stavanger Støberi & Dok.

Likevel kom det tidspunkt da noen få av de mer vågale rederne fant ut at forandring måtte til. De dannet et selskap, og etter lang og inngående overveielse bestemte de seg for å bestille det første dampskip fra et verft i Glasgow. Slik var det at DSD, Det Stavangerske Dampskibsselskab, ble til. Dette selskapet, som har sine moderne kontorer ved Børevigen, dominerer den lokale skipsfarten idag, akkurat som det gjorde for 135 år siden.

Den første dampbåten, som het *Ryfylke*, ankom høsten 1855, med klaskende skovlhjul på begge sider og røk veltende ut fra en høy, tynn skorstein. Kontrakten hadde fastlagt at betalingen skulle regnes ut etter lengden, og da båten ankom fra det skotske verftet med et langt baugspyd som pynt, var ikke DSD-ledelsen synderlig begeistret.

Ryfylke må ha vært noe av et særsyn i de dager, da form og konstruksjon av seilskuter hadde nådd det ypperste med den slanke, elegante klipperen, som var bygd for både fart og skjønnhet. Under gode forhold kunne klipperen gjøre opptil 20 knop.

Ankomsten til dette mekaniske monstrum skapte tilløp til panikk blant fiskerne, som forlangte at båten enten skulle forbys å seile i det hele tatt under fiskesesongen, eller at den ihvertfall skulle sakke farten nær fiskeområdene i Boknafjorden.

Økonomisk sett var *Ryfylke* en skuffelse. Det tok over ti år før den ble lønnsom. En ting var at folk som levde langs fjordene, nødig betalte med rede penger når de kunne ro eller seile helt gratis. En annen var at den gamle hjuldamperen brukte utrolig mye kull. Men likevel: den kunne ta 300 passasjerer, og med over 500 klemt inn og i tillegg 30–40 kyr i lasterommet betalte den seg med tiden for eierne og ble etterfulgt av andre, for det meste mindre, dampdrevne skip.

Det var også andre problemer med overgangen til damp: det var vanskelig å få mannskap.

specified payment according to length, and when the ship arrived from the Scottish yard with a great bowsprit adorning her and prolonging her length by several yards, the DSD members were not amused.

She must have been something of an apparition in those days, when the design and construction of sailing ships had reached its peak with the sleek and graceful clipper which was built for speed as well as beauty. Under ideal conditions these clippers could do as much as 20 knots.

The advent of the mechanical monster created a minor panic among fishermen, who requested that she either refrain from operating in the fishing season altogether, or at least diminish her steam near the fishing areas in Boknafjorden.

Financially, the 'Ryfylke' was a disappointment, taking over ten years to show any profit. For one thing, the people living along the fjords were skeptical about paying hard money for fares when they could row or sail quite free of charge. For another, the old paddlewheeler consumed an enormous amount of coal. Still, it had a capacity of 300 passengers and with over 500 often squeezed in, plus 30–40 head of cattle in the hold, it eventually did repay its investors and was followed by other, mostly smaller steam driven ships.

There were other problems as well with the changeover to steam: crews were hard to find.

Sailors, who were used to defying wind and sea on perilous rigging, just did not think too much of shoveling coal into fiery furnaces deep in the bowels of the ship, day after day. What was needed was a strong back and stamina. Far-seeing blue eyes crinkled at the corners with years of experience were no longer enough. The skipper now also needed to be an engineer.

The combination of the two technical innovations, the steam ship and the telegraph network, also opened the way for a totally new occupation, that of ship broker. These men

Sjøfolk som var vant til å trosse vind og sjø oppe i riggen, syntes simpelthen ikke at det var så kjekt å skuffe kull inn i glødende ovner langt nede i skutas indre, dag etter dag. Det som trengtes, var en sterk rygg og utholdenhet. Skipperen hadde kanskje langsynte, blå øyne, rynket i krokene av årelang erfaring, men nå måtte han også være ingeniør.

Kombinasjonen av to tekniske nyvinninger – dampskipet og telegrafsystemet – skapte også mulighetene for et helt nytt yrke: megleren. Disse folkene kom inn for å bygge bro over kløften mellom eierne og selskapene de gjorde forretninger med, verden rundt. De tok seg av forhandlinger i fremmede land, fraktkontrakter og tusen andre ting som eierne ikke kunne klare selv.

Krakket i 1880
Plutselig, i 1880, falt hele grunnen ut av Stavangers økonomi. Silden var blitt helt borte fra kysten, og på grunn av den internasjonale handelskrisen kunne ikke byens skip få frakter. Slik var det at begge de ben som økonomien sto på – fiske og sjøfart – brøt sammen og Stavanger gikk inn i en depresjon som svært få kom umerket ut av.

De som var heldige nok til å ri stormen av og beholde litt av sin kapital, skulle grunnlegge den neste store epoke i Stavangers historie: engasjementet i hermetikkindustrien. Nedgangstiden ble husket lenge fremover, desto sterkere fordi den kom etter en tid med stor velstand.

Utvandringen
Fra 1825 til etter depresjonen dro åtte hundre tusen nordmenn ut for å finne en bedre fremtid andre steder. 93% av disse utvandrerne valgte Amerika til sitt nye hjemland.

Den veldige befolkningstilveksten og mangelen på ekspansjonsmuligheter hadde skapt en vanskelig og eksplosiv situasjon. I det 19. århundre ble Norges befolkning omtrent fordoblet, fra 800 000 ved begynnelsen til 1,7 millioner i 1890-årene. Forholdene var elendige; nesten all dyrkbar jord var i bruk og

The market place in the 1920's. Along the quay lies the Norwegian America Line's proud ship "Kristianiafjord".

stepped in to bridge the gap between the owners and the firms they did business with around the world. They handled overseas negotiations, freight contracts and a thousand other matters that the owners themselves could not have coped with.

The Crash of 1880

Suddenly in 1880, the bottom of Stavanger's economy dropped out. The schools of herring had altogether stopped visiting her shores and, because of the worldwide trade crisis, Stavanger's ships were unable to secure freight. Thus, the two supporting pillars of her economy, fishing and shipping, folded under her and Stavanger sank into a depression from which very few escaped unscathed.

Those who were fortunate enough to ride the storm out and keep a little of their capital would go on to found the next great period of Stavanger's history: her venture into the canning industry.

It was a time of financial gloom that would

kunne ikke deles opp fordi eiendommene allerede var så små. Det vokste frem et proletariat uten jord som ikke hadde noe sted å være og som ikke kunne finne noen levevei. Det nyttet ikke å dra til byene, for ingen industri var tilstrekkelig utviklet til å bruke dem. De sosiale spenningene dette førte til, var på det sterkeste i 1848. Presset var blitt så kraftig at noe måtte gi etter.

Sikkerhetsventilen skulle bli masseutvandring. I hele Europa var det bare Irland som mistet en større del av befolkningen i disse årene. I Norge var utvandringen aller størst fra Rogaland.

Utallige skip med utvandrere fra Norges vestkyst til Amerika dro ut fra Stavanger havn, med håpet om å finne bedre sosiale, økonomiske og religiøse forhold i den nye verden. Faktisk seilte den vesle sluppen *Restauration*

61

not be forgotten for a long time to come, felt all the more strongly because of the prosperity that had preceded it.

The Emigration

From 1825 until after the depression, eight hundred thousand Norwegians left their land to seek a better future elsewhere. 93% of these emigrants chose the United States of America as their new home.

The huge population growth and the lack of possibilites for expansion had created a tight, explosive situation. In the 19th century, Norway's population about doubled; from 880.000 inhabitants in the beginning of the century, to 1.7 million by the 1890's. Conditions were desperate, most of the land that could be farmed was already taken and could not be divided any more; holdings were small in any case. A large, landless proletariat developed who had nowhere to spread and could not make a living for themselves. Moving to the cities was useless; no industry was sufficiently developed to take them all in. The resulting social unrest was at its worst in 1848: the pressure had become so great that something would have to give.

The relief valve came in the form of a mass exodus. In all of Europe, only Ireland lost a greater proportion of her population during these years. In Norway the greatest number left from Rogaland.

Countless shiploads of emigrants from the west coast of Norway set sail for America from Stavanger's harbour hoping to find better social, enconomic and religious conditions in their new land. In fact, the very first ship, the little sloop *Restauration* with 52 Quakers on board, sailed from Vågen to America on the most auspicious date of July 4. 1825.

The three month long voyage was not uneventful; not only did all the emigrants survive the trip, but there was one more of them on arrival than departure: a baby was born along the journey.

med 52 kvekere ombord fra Vågen til Amerika på en dato i 1825 som skulle vise seg å bringe lykke: 4. juli.

Den tre måneder lange turen var ikke uten dramatikk, men alle kom vel fram, og de var flere enn da de dro; det var født et barn underveis.

På første del av reisen, like utenfor Madeira, oppdaget de tretønner som fløt rundt skipet. Kvekerne visste at den som ikke øder, skal heller ikke mangle, så de halte opp tønnene og drakk det merkelige innholdet. Da *Restauration* kom til havn i Funchal, var tilsynelatende alle passasjerene døde eller døende. Hvilken fryktelig pest var det som kom?

Det var raskt gjort å finne ut: tønnene hadde inneholdt madeira-vin. Det som kom, var ingen dødelig pest, men en båtlast svært påseilte kvekere.

Kvekerne trodde ikke på å overlate ting til skjebnen. De hadde samlet inn penger for å sende Cleng Peerson, en ung mann med sans for eventyr, i forveien for å undersøke forholdene i det nye landet. Det gjorde han, og dessuten kjøpte han jord på deres vegne og hjalp dem å finne seg til rette. Området han først valgte, viste seg å være vakkert; det kunne nok minne mye om landet de kom fra, men var ikke særlig egnet for jordbruk. Han gjorde opp for det senere da han lot seg lede av en drøm og fant bedre jord i Midt-Vesten, hvor de fleste av de skandinaviske innvandrerne med tiden skulle slå seg ned.

Fra en så beskjeden og forsiktig begynnelse fikk utvandringen til Amerika et veldig omfang. Bortimot tredjedelen (880 000) av Norges befolkning dro avsted, lei av den fortvilede kampen for å slite seg til en levevei i hjemlandet, eller kanskje simpelthen fordi familien i nabodalen også hadde reist. I by og land forlot folk det kjente, solgte alt de eide og dro til den nye verden.

Snart begynte emigrantbåter å seile i rute fra Stavanger. Turen tok vanligvis fire-fem uker — og det må ha vært mer enn nok.

Så mange mennesker som overhodet mulig ble presset inn i båtenes dårlig ventilerte rom

Countless shiploads of emigrants from West Norway left the harbour in Stavanger. The picture is from 1903.

Not long into the voyage, just off the coast of Madeira, they discovered wooden casks floating around the ship. Quakers knew that to waste not was to want not, so they fished out the casks and consumed the unfamiliar contents.

When the *Restauration* was sighted from the port of Funchal, alarm spread over the town: there was a sloop sailing into harbour with apparently all passengers on board dead or dying. What fearsome plague was approaching?

It did not take long to find out: the casks' content had been Madeira wine. No deadly plague, but a boatload of extremely hungover Quakers.

Not believing in leaving things to fate, the Quaker community had collected money to send Cleng Peerson, a young man with a taste

som, bortsett fra den menneskelige last, luktet av harske pølser og tørket fisk dinglende fra kroker i taket.

Amerikabilletten var forholdsvis rimelig fordi båtene gikk med frakt fra Amerika til Norge, og ville gått i ballast på tilbaketuren om det ikke hadde vært for utvandrerne. Men prisen var likevel for høy for mange. Ikke sjelden fikk de hjelp fra slektninger som allerede hadde etablert seg i det nye landet. Men billetten inkluderte bare det aller nødvendigste; en køye av uhøvlede bord med halm i, brensel og vann til matlagning. Derfor måtte de ha med seg proviant for en måned i tillegg til alt sitt øvrige jordiske gods.

Når de så ankom, fant de ikke gater brolagt med gull. Det tok årelangt slit med bygging og

for adventure and a domineering older wife whom he probably did not mind leaving behind, to travel ahead to investigate conditions in the new land and to report back. This he did, and besides bought land on their behalf and helped them to settle. His first choice of land proved picturesque and reminiscent of the lost beauties of Norway, but not much good for farming. He made up for this later when, following up a dream, he found more suitable farmland in the mid-west where eventually most of the Scandinavian emigrants settled. From such a small, cautious beginning, the emigration to America took on enormous proportions; about a third of Norway's population (880,000 people) left, fed up with the desperate struggle of wrenching a living from the rocky soil. Or perhaps just because the family in the next valley had also gone. In town and country, people left behind their familiar ways, sold all they owned and set out for the new world.

Soon, there were regularly scheduled emigrant ships leaving the harbour of Stavanger. The trip usually took four to five weeks which, under the conditions, must have been more than enough.

As many people as possible were squeezed into the badly ventilated holds of the ships which, aside from their human cargo, smelled strongly of rancid sausages and dried fish swinging from hooks overhead.

The fare was within the means of most people, as the ships carried cargo from America to Norway. Their return journey would have been empty, had it not been for the emigrants. However, the fare did not include anything but the barest essentials: a rough plank bed with straw for a mattress, fuel and water for cooking. So, in addition to all their worldly goods, they also needed a month's supply of food for the journey.

Once they arrived, they did not find streets paved with gold. There were years of hard work, of building and rebuilding, hopes and disappointments, before the Norwegian emigrants finally became established. They made a

gjenoppbygging, håp og drømmer, før de norske immigrantene endelig fikk etablert seg. De fikk ry for å være ærlige, hardt arbeidende, nøkterne samfunnsborgere. Mange gjorde alt de kunne for å holde på tradisjonene, og ennå i dag er det små norske grupper i USA.

Tallrike er de amerikanske turister som kommer til Stavanger og er enda mer interessert i å finne opplysninger om familien enn i severdigheter. Selv etter fem generasjoner er kontaktene så gode at de fleste klarer å finne frem til «den gamle gården» og få kaffe og vafler hos tre-fire-femmenninger mens de titter i familiealbumet.

Hermetikk-epoken
Industrien som med tiden skulle bli Stavangers økonomiske redning, oppsto delvis på grunn av sjøfarten. Rederne måtte skaffe mannskapene mat som var holdbar på lange reiser.

Silden var så godt som vekk, så det ble brukt brisling, og det viste seg at den hadde alle egenskaper som var nødvendige for å gi et godt produkt. De små boksene var greie å pakke, lagre, og transportere. De kunne holde seg i meget lang tid og dessuten, noe som var enda viktigere, folk likte smaken. Det gjør de ennå.

Brislingen ble snart etterspurt i hele Europa. Dessuten kunne Stavangers hermetikkfabrikker tjene på krisen i den franske sardin-industrien.

Jevnt vokste hermetikkindustrien som tok til i 1873 (Stavanger Preserving) til hele 54 fabrikker omkring 1916.

Rundt hermetikkfabrikkene oppsto det en rekke tilknyttede industrier: boksefabrikker, produsenter av åpnere, trykkerier som laget de fargerike etikettene osv. Faktisk var rundt 65 prosent av byens arbeidsstokk engasjert enten i hermetikkfabrikkene eller i tilknyttet virksomhet. Stavanger kom plutselig inn i den

A theatrical tableau depicting the departure of the first boatload of emigrants who left the safety of their homes from Stavanger harbour, to seek a better world in America. The drama is a highlight of the Emigration Festival held each summer in Stavanger.

Brisling sardines, sorted and smoked on lines like doll's laundry. Picture taken in the 1880's.

name for themselves as honest, hard-working, sober members of the community. Many clung to their traditions and even today there are Norwegian pockets in the United States.

Many is the American tourist arriving in Stavanger who is even more interested in tracking down ancestors than in seeing the sights. Even after some five generations, enough contacts have been kept up that most manage to find the old farmstead and have coffee and waffles with cousins many times removed, while they look through the family albums.

The Era of the Canneries

The industry that eventually proved to be Stavanger's economic salvation grew partly out of the shipping trade, as a means of supplying the ship's crews with non-perishable food for their long journeys.

Herring fishery had all but disappeared, so brisling sardines were substituted. They proved to have all the requisites for a popular product: the small tins were easily packed, stored and transported. They would keep for a very long time in any weather and what is more, people liked their taste. They still do.

moderne, industrialiserte verden. 1800-årenes sjøfartsby ble spist opp i prosessen. Høye murstenspiper vokste nå opp blant trebryggene.

Befolkningen økte og hele bystrøk kom til for å gi den plass. I motsetning til andre industribyer rundt om i verden var ikke dette tettpakkede gater med høye grå blokker, men små trehus på egne tomter, noe som har gitt Stavanger den karakteristiske profil. Byen var velstående på den tid, og bystyret var villig til å bygge veier, kloakker og skaffe elektrisk kraft.

Da Eilert Sundt i 1893 skrev ned sitt inntrykk av Stavanger, fortalte han om Skandinavias blomstrende hermetikkby:

Enhver Stavanger-Arbeider, som respekterer sig selv, har den Ambition, at han engang skal komme til at bo i sitt eget Hus, og uagtet Arbeidslønnen er lav, lykkes dette for saa mange, fordi Befolkningen skriver sig fra Jæderen, hvilket vil sige det samme som, at den er meget økonomisk og dygtig, og fordi Stavanger vel endnu er et af de billigste Levesteder i Landet.

Redaktør Sundt fant

en By med solid Velstand og ganske langsom, men meget sikker Fremgang. De fleste af Stavangers Han-

There was demand for the sardines throughout Europe. Besides, Stavanger's canneries stood to benefit from the crisis in the French sardine industry.

In a steady pattern of growth, what had begun in 1873 with a cautious six canneries eventually reached 54 by 1916, leaving far behind its parent, the flagging shipping trade.

To support the canneries, a whole range of secondary industries sprang up: tin can manufacturers, makers of openers, printers producing the scores of colourful labels which children still collect and trade, packers and countless others who derived their livelihood in some manner from the canning industry. In fact, with about 65% of the local workforce employed by either the canneries or some related industry, Stavanger was propelled into the modern, industrialised world and the seafaring town of the 1800's was swallowed up in the process. Tall brick chimneys now protruded among the wooden wharves.

The population grew and whole neighbourhoods sprang up to accommodate it. Unlike other industrialised towns around the world, these were not cramped settlements of tall grey apartment houses, but small wooden dwellings on individual lots, giving Stavanger its characteristic look. The town was prosperous at the time and the local council was willing to build roads, sewerage and put in power. Thanks to this, Stavanger escaped the typical industrialised look.

Recounting his impressions of Stavanger of the late 19th century, Eilert Sundt, editor of a Christiania (Oslo) newspaper, wrote about the booming canning town of Scandinavia in 1893:

'Every self-respecting Stavanger worker has the ambition of owning his own home one day, and although wages are low, many do indeed succeed, for Stavanger's population stems from the Jæren farming district, which is to say, they are thrifty and hardworking. And also because Stavanger is still one of the cheapest places to live in this country'.

For the women of Stavanger, the seasonal work in the canneries provided an opportunity to earn money after the herring had disappeared.

delsmænd er indflyttede Bønder, som i sin Forretningsvirksomhed indretter sig med den samme forsigtige Omtanke, som er ejendommelig for Bønderne paa disse Kanter. Neppe i nogen anden norsk By er man mere ængstelig end her for at slaa stort paa med engang; anlægger man en Fabrik, bygger man saagodtsom aldrig et Lokale dertil fra nyt af, men hvad enten det er en Preservings-Fabrik eller en Margarinefabrik, indretter man sig i et gammelt Søhus, som lidt efter lidt omdannes, eftersom Forretningen voxer. Det er kanske ikke i Længden det rationelleste, thi en stor Drift i et sligt Lokale, der ikke er bygget for Øiemedet, falder let saa kostbar, at det i Virkeligheden vilde lønne sig godt at rive det hele ned og gjenopføre det fra Grunden af.

Men denne Maade at ordne sig paa gjør det mulig at begynde en Forretning med et Minimum af Kapital, og da Stavangerne ikke alene er nøisomme Folk, men ogsaa baade gløgge og arbeidssomme, faar de disse uanseelige Begyndelser til at voxe sig op til respektable Foretagender, og i de Brancher, hvor de kaster sig ind, er de ikke lette at konkurrere med. Nogen behagelig By kan det ikke være at arbeide i, da der findes saa mange hver for sig forholdsvis smaa Firmaer, som sjelden holder sig strengt til sin egen Branche, men kaster sig ind i baade det ene og det andet, naar der er udsigt til at tjene lidt, blir Følgen den, at der udvikler sig en vis smaalig og misundelig Konkurrance, – den ene misunder den anden hver Madbid, som han kan kravse til sig.

Rooftops of Stavanger.

Editor Sundt found

'a town of solid prosperity and perhaps slow, but very sure progress. The majority of Stavanger's merchants are farmers who have moved into town and who conduct their businesses with the same caution which is characteristic of the farming folk around these parts. In no other Norwegian town are people more fearful of committing themselves in a big way right at the start of a business venture; if a factory is to be started, one practically never erects a new building for it but – whether it is to be a cennery or a margarine factory – one sets it up in an wold wharf and makes the necessary alterations as the business grows. In the long run, perhaps this is not the most rational way to start a large enterprise, in premises not built for the purpose; the constant alterations mount up to such a large expense that it would have been more economical to pull down the existing structure and start afresh.

However, this method enables a new business to be started with a minimum of capital, and as Stavanger's people are not only modest but resourceful and hardworking, from these unassuming beginnings they build up respectable enterprises in businesses where the competition is tough. It cannot be a pleasant town to work in, there being so many separate, small firms that seldom keep to their own line, but branch out this way and that, wherever the prospect of a little profit beckons, resulting in a petty and envious competition – each begrudging the other every morsel he may gain'.

Siden hermetikkfabrikkene trengte mye kaiplass, ble havnen bygget ut i 1910.

Hermetikkfabrikkene klarte seg gjennom tider med arbeidsløshet og krig, store og små problemer, depresjoner og oppgang. Med Chr. Bjellands hermetikkfabrikk i spissen erobret Stavangers brisling-sardiner verdensmarkedet. 50 millioner bokser gikk ut på et eneste år. Med si 10 sardiner i hver boks betyr det at 500 millioner sardiner ble lagt hode mot hale av kjappe Stavanger-fingre.

Sardiner blir ikke lenger lagt på boks i Stavanger. Idag er det bare på Hermetikk-museet du kan se hvordan det skjedde. Lukten er ikke inkludert.

Since the canneries needed large dock space, by 1910, the quay facilities were extended.

The canneries survived times of unemployment and war, major and minor setbacks, slumps and recoveries.

With the cannery of Chr. Bjelland in the lead, Stavanger brisling sardines conquered the world market. 50 million tins of sardines went out in just one year. Which, at say 10 sardines per tin, makes 500 million sardines – laid head to toe by nimble Stavanger fingers.

Sardines are no longer canned in Stavanger. Today it is only at the Canning Museum where you can see how it was done. The smell is not included.

The marketplace

No single description will do.

The market is a many-faceted gem in the heart of Stavanger; it has something to offer all the senses, all ages. Not necessarily all seasons though; sunshine and warm weather are needed for it to realise its full potential.

Torvet

Det går simpelthen ikke an å gi en enkel beskrivelse. Torvet er en juvel, med mange fasetter, midt i Stavanger. Det har noe for alle sanser og alle aldre. Ikke nødvendigvis for alle årstider, imidlertid – det trengs solskinn og varme for virkelig å føle dets fulle verd.

Trygt mellom St. Svithun Domkirke og havnen ligger det der, bevoktet av trapper som om sommeren er et amfiteater. Derfra har folk som slår seg ned med moreller eller reker i papirposer, full oversikt over den stadig skiftende scenen nedenfor, samtidig som de bruner seg.

Midt i det hele står to monumenter: det ene er en statue av Alexander Kielland, byens store forfatter, det annet en modernistisk skulptur Arnold Haukeland har laget i rustfritt stål til ære for skipsfarten, som befolkningen kaller «reka».

Blant alt markedet har å by på, er kanskje det minst vesentlige et veldig utvalg av frisk frukt og grønnsaker, blomster, potteplanter og

The sailmaker's job was an important one in the years when Stavanger's fleet sailed the globe. The picture is taken at the Maritime Museum.

Canneries were installed in every available space in town. The Cannery Museum in Stavanger shows how the mountains of tiny sardines were processed.

Herring came to Stavanger in great shoals, to be plucked out of the water by men on boats of every kind, using nets and great determination, – this was the way to prosperity!

Nestling between St. Svithun's Cathedral and the harbour, the market is overlooked by steps which serve as amphitheatre seats in summer for eaters of cherries or shrimp who survey the constantly-shifting scene beneath them, and get a sun tan at the same time. These steps, aside from their charm, are a feature to be reckoned with in hard cash: considerable sums are yearly allocated by the town council for their exclusive maintenance which includes the operation of hot water pipes under their surface for sure footing in winter.

In the center of it all stand two monuments: one is a statue of Alexander Kielland, the famous local novelist, and the other is a modernistic aluminum sculpture by Arnold Haukeland dedicated to seafaring, which locals refer to as *the shrimp.*

Of the market's many accomplishments, perhaps the least is offering a vast array of fresh fruit and vegetables in season, along

stiklinger, håndstrikkede ullplagg og levende fisk – selv om alt dette er både vel og bra.

Om våren er blomsterselgernes bord dekket av hundrevis av småplanter; noen allerede i blomst slik at de kan plantes og bli til vakre bed på øyeblikket, andre bare en liten grønn spire, et løfte om kommende gleder.

Om sommeren flyter frukt- og grønnsakbodene over av farge og overflod. Etter en lang vinter med for det meste dypfryst mat, virker sprø salat, faste tomater, bittesmå gulrøtter og en rekke andre grønnsaker langt mer tiltrekkende enn noen annen delikatesse. Skal vi dømme etter antall kjøpere, ser det ut som prisen kommer i annen rekke, hovedsaken er at dette er å få. Hva så, om et par kilo poteter krever hele middagsbudsjettet? Fins det et

with flowers, pot plants, handknit woollens and live seafood – though all this it does, and does very competently.

In springtime, the flower-sellers' tables are covered with hundreds of tiny seedlings. Some are already sprouting flowers, which can be taken home and planted to produce an amazing instant garden; others show just a wisp of green and promise of mysterious things to come.

In summer the fruit and vegetable stalls spill over with colour and abundance. After a long winter the crisp lettuce, firm tomatoes, tiny carrots and countless other delights outshine any complicated delicacy. Judging by the number of shoppers, price is of secondary importance, the main thing is that it is available. What if a couple of kilos of new potatoes take care of the whole dinner budget? Can there be a better meal anyway, than boiled new potatoes with butter and parsley?

The fish market with its tanks of sea water full of live fish is an institution in itself. It is housed under the protection of *Honnørbrygga*, the ceremonial quay used for royalty (duly scrubbed free of fish odours on these occasions and equipped with red carpet).

There are all sorts of fish to be had: cod, saithe and herring; mackerel for eating in summer with sour cream and dill and cucumber salad, and shrimp for piling high on one's plate and patiently peeling one by one until there are enough to cover a slice of fresh white bread with dollops of mayonnaise and lemon juice. If in doubt about what to buy, one of the fishmongers might help you out. He will take your fish and clean or fillet it with smooth, effortless flashes of his knife – not a movement wasted, not a moment of hesitation. Precision in his sure, deft motions, art and beauty as thrilling to behold as the most daring pirouette of an ice skater.

All this is very well, but the really great talent of the market place is intangible. It is a place of bustle, of buying and selling, of bumping into

bedre måltid enn kokte nypoteter med smør og persille?

Fiskemarkedet med saltvannstanker fulle av levende fisk er noe for seg selv. Selgerne står bak bordene sine og ser ut som de skulle vært minst like mye hjemme på en fiskeskøyte. De er beskyttet av leveggen på Honnørbrygga. Til kongelige besøk blir brygga skrubbet ren for fiskelukt og utstyrt med rød løper.

Alle slags fisk er å få: torsk, sei, sild, makrell og laks. Eller reker du kan legge i haug på tallerkenen og rense én for én, tålmodig, til det er nok til å dekke en skive fersk loff med majones og sitron. Hvis du ikke riktig vet hva du vil ha, vil en av selgerne kanskje gi deg råd. Så tar han fisken og renser eller fileterer den med et jevnt, selvfølgelig drag på kniven – uten den minste overflødige bevegelse eller et øyeblikks nølen. Hans sikre og netthendte presisjon er kunst og skjønnhet, like spennende å se på som den mest vågale kunstløps-piruett.

Alt dette er vel og bra, men Torvets virkelige storhet er abstrakt. Det er et sted med travelhet, med kjøp og salg, et sted å treffe kjente. Det er å plukke ut delikate varer, som sammen med en tung kurv gir deg tilfredsstillelsen av å ha gjort noe på et absolutt menneskelig plan uten det minste tilløp til maskinbruk. Ingen nedfrysing, ingen bearbeidelse, ingen plastikk-emballasje eller halvfabrikata – simpelthen mat, vokst fra jord, kjøpt over et torgbord. Det er denne enkle menneskelige samhandling, det jordnære ved det, som trekker oss. Enhver sammenlikning mellom dette og det å handle i et supermarked er utenkelig.

Havbrisen, fargene, folket, alt dette i kombinasjon skaper en egen atmosfære som forfrisker kropp og sjel, Stavangers øyeblikkelig virkende styrkemiddel. Tre-fire generasjoner er seg dette bevisst: på trappene tenåringene i slitte olabukser, nedenfor husmødrene, de handlende og de som bare går og ser, ofte med småbarn som er mer interessert i å få kjenne på jordbærene enn i atmosfærer; og i utkantene er de gamle, de ensomme, menn med rennende øyne og flaskeformede buler i lommene, trukket som tilskuere mot varme og liv.

A busy Saturday morning at the market place in the 1920's.

people one knows. It is picking out appetising food that along with a heavy basket gives you the satisfaction of having done something on an entirely human level, without the slightest intervention of machinery. No freezing, no processing, no plastic wrapping or precooking – just earth-grown food bought across a stall – money and goods exchanged hand to hand. It is this basic human transaction, it is the simple down-to-earthness of it that draws the crowds. Any similarity between this and rolling a cart down a supermarket aisle is purely coincidental.

The sea breeze, the colour, the people, all combine to create an effervescent atmosphere which is a guaranteed refresher of body and soul; Stavanger's instant tonic. This is a fact re-

Intet sted så rikt som dette ville være komplett uten et element av magi, et virkelig eventyr som i dette tilfelle gjentar seg år etter år.

Andemor med sin flokk svømmer over havnen, forbi båtene på Vågen, og kommer i land på en egen liten rampe ved fisketorget. Hun sjekker at hele kullet er med og begir seg så uten nølen forbi mengdens ben, over gater med stor trafikk, til Breiavannet, det lille vannet bak Domkirken. Vanligvis blir hun oppdaget av en politimann eller en annen elskelig andebeskytter som stopper trafikken for henne og ledsager henne trygt til hennes bosted. Ofte danner det seg en hel prosesjon av tilhengere, og fellesrollen som ande-eskorte bryter øyeblikkelig alle barrierer. Hvorpå andefamiliene

Food for body and soul.

cognised by three or four generations: on the steps are the teenagers, down below the housewives, the shoppers and the just-lookers, often with little ones (who are more interested in getting their hands on the strawberries than the atmosphere) and around the edges are the old, the lonely, the men with bleary eyes and bottle-shaped bulges in their pockets, drawn as spectators to warmth and life.

No place as rich as this would be complete without a bit of magic, a true fairy tale in this instance, that repeats itself year after year.

The ducks who live on the Breiavatnet lake in Stavanger take off for the small islands just out of the harbour each year, before nesting season. When the new generation is hatched and strong enough to make the crossing,

tilbringer resten av året i og rundt Breiavannet, matet med brødbiter av byens befolkning. En råk blir holdt åpen hele vinteren, slik at alle byens vannfugler har et tilfluktssted.

Hvis du noensinne er så heldig at du bivåner dette vesle dramaet, kan du betrakte det som likeverdig med å få overrakt byens nøkkel. Du er blitt æres-siddis.

mother duck with her flock swims across the harbour, through the boats in *Vågen*, and comes ashore on a special little ramp by the fish market. Making sure she has all her brood behind her, she then sets off unhesitatingly through the feet of the crowd, across streets with rushing traffic, and makes her way to Breiavatnet, the little lake behind the Cathedral. She is usually spotted by a policeman or some other kindly duck-lover who will hold up traffic for her and escort her to her residence in safety, usually gathering a small pro-cession of followers along the way whose common bond of duck-escorting dissolve all barriers immediately. The duck families then spend the rest of the year in and around the lake, being fed chunks of bread by the towns-people. A section of the lake is kept from freezing in winter, to provide a refuge for all the city's water birds.

If you are ever fortunate enough to witness this little drama, you can consider it the equivalent of being handed the key to the city, you are an honorary Siddis.

'Stavangerfjord' in Vågen. For more than a generation this ship was the 'America-boat'. Its arrival was a festive event, and the whole town turned out to welcome her.

'Gamle Stavanger', the old town. Once cramped and poor, it is one of Stavanger's attractions today. A house in Gamle Stavanger is a sought after address.

Streets and houses

AND THE PEOPLE THAT LIVED IN THEM

Stavanger's architecture, although typical and attractive, is not for the most part very old.

Fire wiped out the town at regular intervals, resulting in new building more often than most Siddis would have liked. Whenever not forced to erect a new building, they were happier making alterations and additions to one already standing. Thus, even the buildings that are actually old have had so many face-lifts and extensions that little of the original can be discerned.

However, Stavanger is exceptional. She was chosen as a 'pilot city' for the European Architectural Heritage Year in 1975 for being not only the largest wooden-built Norwegian city, but one of the largest in the whole of Europe where such a great proportion of wooden houses are in use, in high esteem and such fine condition.

To go back – architecturally speaking – as far as we are able, we arrive at the time just after the Reformation when the usual west-coast house was built of logs, each split in half. The outside walls were tarred until the 1600's, when a revolutionary new style transformed the countryside: red or yellow pigment from England was mixed with cod liver oil and suddenly drab black was replaced by bright colours.

The typical house of the 1700's and the early 1800's was made of logs which dovetailed at the corners to fit together without nails and were covered on the outside with horizontal panelling. They were mostly very small, just two rooms and a loft. With the population

Gater og hus

Selv om Stavangers arkitektur er egenartet og tiltalende, er den for det meste ikke så veldig gammel. Branner la byen øde, gang på gang, noe som medførte at det måtte bygges nytt oftere enn de fleste forsiktige og sparsommelige siddiser kunne ønske. Når de bare ikke ble tvunget til å sette opp et nytt bygg, foretrakk de å bygge om og til på husene de hadde. Slik har det seg at selv de bygninger som virkelig er gamle, har hatt så mange ansiktsløftninger og tilbygg at lite er å se av originalen.

Men Stavanger er noe helt for seg selv. Byen ble valgt som pilotprosjekt for det europeiske arkitekturvern-året i 1975 fordi den ikke bare er Norges største treby, men en av de største i hele Europa hvor en så stor del av trehusene er i bruk og blir holdt i god stand.

Går vi så langt tilbake som mulig når det gjelder arkitektur, kommer vi til tiden like etter reformasjonen, da de fleste vestkysthus ble bygget av splittet tømmer. Ytterveggene ble tjæret frem til 1600-tallet, da en helt ny stil forandret landskapet: rødt eller gult pigment fra England ble blandet med tran – og plutselig ble det dystre svarte erstattet av glade farger.

På 1700-tallet og i begynnelsen av forrige århundre ble hus flest laget av laftet tømmer, med stående kledning på ytterveggene. For det meste var de svært små: bare to rom og et loft. Etter hvert som befolkningen økte på grunn av sildehandelen, oppsto husmangel. Da tellet hver kvadratmeter med, og selv loftene ble tatt i bruk. De måtte få vinduer til lys, og slik ble et karakteristisk lokalt trekk i byggestilen til: Stavanger-arken. Vanligvis ble den bygd midt

explosion brought on by the herring trade and the consequent housing shortage, every inch of livable space counted and even the lofts were taken into use. They needed windows to give them light, hence the birth of a local speciality, the 'Stavanger dormer'. Usually, this was in the centre of the roof and had two windows close together. Underneath the dormer was the entrance door, and on either side of this was a window, all perfectly symmetrical. This style continued to be used throughout the 1800's and scores of examples can be seen today in Gamle Stavanger, even one on a grander scale at Kongsgaard School where the dormer must have served the demands of style rather than that of space.

Town planning and traffic flow had its headaches even a hundred years ago. Around the middle of the 1800's, the town council made it mandatory to round off the corners of all houses standing at intersections, in order to ease the traffic problem.

Also characteristic of Stavanger's architecture were the houses with an upper storey projecting over the street, without any apparent sense of belonging to the house under it. This had nothing to do with building styles but rather with the very earnest business of tax avoidance – as important one hundred years ago as it is today. Since land tax was so high, someone hit on the brilliant solution of building a house not on land, but on an already standing house. Also, the wooden houses were light and reasonably easy to move, so when people from the country wanted to move to town, they often literally packed up house and moved, at times placing their house atop another one.

The first real departure from the plain and functional came with the prosperity of the late 1800's and lasted until 1930, when a Swiss-inspired profusion of curlicued balconies and verandahs sprouted over all the merchants' houses. Many of them were architect-designed, another innovation for Stavanger's hitherto rather spartan do-it-yourself con-

på taket, med to vinduer tett sammen. Under arken var inngangsdøren, med et vindu på hver side – det hele fullstendig symmetrisk. Denne stilen ble brukt gjennom hele det 19. århundre og en rekke eksempler er å finne i Gamle Stavanger – vi finner også et mer imponerende eksempel i Kongsgaard skole, hvor arken må ha vært bygd for stilens skyld mer enn for plassen.

Byplanlegging og trafikk-flyt skapte problemer selv for hundre år siden. Rundt midten av 1800-tallet bestemte bystyret at alle hushjørner ved gatekryss skulle rundes av for å lette trafikkproblemene.

Et annet typisk og særegnet trekk var husene som hadde en øvre etasje bygd ut over gaten, tilsynelatende uten sammenheng med første etasje. Det har intet med bygningsstil å gjøre – faktisk gjaldt det å unngå beskatning, noe som var like aktuelt for hundre år siden som det er idag. Siden grunnskatten var svært høy, var det en genistrek å sette ett hus oppå et annet, som allerede sto der. Trehusene veide forholdsvis lite og var lette å flytte, og når folk fra landet måtte flytte til byen, tok de ofte bokstavelig talt huset med seg.

Det første virkelige avvik fra ren funksjonalisme kom med velstanden i slutten av 1800-tallet og varte helt til 1930, da en sveitsisk-inspirert frodighet av forsirte balkonger og verandaer vokste frem på alle kjøpmannshusene. Mange var arkitekt-tegnet, enda et nytt element i Stavangers byggestiler som til da hadde vært preget av gjør-det-selv. Det beste eksemplet på denne sveitsiske innflytelsen er det velbevarte Breidablikk, med alle sine originale dekorasjoner trukket opp i sennepsgult og sjokoladebrunt. Det ble bygd i 1881 som sommerbolig for en av byens rikeste menn, reder Lars Berentsen. Huset, som er møblert i 1880-årenes stil, med mesteparten av de opprinnelige møblene, er omgitt av en vakker hage i engelsk parkstil, komplett med trær som – selv om de har lidd under tidens tann, ennå er et

'Kirkegaten', one of the shopping streets in the town centre, where pedestrians can move around safely.

struction. The prize example of Swiss influence, still conserved and with all its ornate originality picked out in mustard yellow and chocolate brown, is *Breidablikk*, a summer house built in 1881 for one of the richest men in town, ship owner Lars Berentsen. The house, furnished in true 1880's style with most of its original furniture, is set in a beautiful garden laid out in 'English park' style which, though much reduced with the years, is still a green an hushed enclave of peace and birdsong. Breidablikk is just across Eiganesveien from Ledaal mansion, (to which we will come later) and keeps the same visiting hours for the public.

Stavanger also had her visionary architect, who believed in designing not individual houses but whole cities. Hartvig Sverdrup Eckhoff was the man responsible for the pseudo-renaissanse Rogaland Teater, the *Turnforening* next door to it, the Museum behind it (which

stille, grønt fristed av fred og fuglesang. Breidablikk ligger rett over veien for Ledaal som vi skal omtale senere.

Stavanger har også hatt sin arkitekt med vyer, som trodde på å tegne hele byer, ikke enkelte hus. Hartvig Sverdrup Eckhoff hadde ansvaret for pseudo-renessansebygget til Rogaland Teater, Turnforeningen ved siden av, Muséet like bak (det er nå kommet nesten fullstendig i skyggen av den uinteressante nye fløyen) og Stavanger Sykehus, som alle er bygget for å utfylle hverandre og danne en harmonisk, elegant og svært kontinentalt utseende by. Drømmen hans ble ikke delt av andre, ser det ut til, eller ihvertfall ikke i den grad at prisen ble tålt, for hans fire elegante bygg virker nokså ille til mote mellom de upretensiøse trehusene rundt.

Veiutbyggingen som medførte riving av en rekke mindre trehus ved dette veikrysset, har

Rogaland Teater and the old Stavanger Turnforening.

has been almost totally obscured by a characterless modern addition), and the Stavanger Hospital, all built to complement each other and to form a harmonious, continental-looking city. The recent road-building scheme which necessitated pulling down a number of smaller wooden buildings at this intersection has suddenly revealed a grand, spacious and very continental-looking part of Stavanger.

Valberg tower

From his vantage point on the stone pedestal at the market, Alexander Kielland can see two buildings as infused with Stavanger's spirit as the Cathedral behind him.

To the east, sitting well above Skagen Quay, is Valberg Tower, a landmark in town as far back as the 17th century. The tower is so much a part of the town that when, during the German occupation in World War II, ru-

Valberg Tower no longer serves as a lookout for fire, but watches over the town nonetheless.

plutselig synliggjort en storslått, romslig og svært kontinentalt utseende del av Stavanger.

Valbergtårnet

Fra sitt utsiktspunkt på stenpidestallen ved Torvet kan Alexander Kielland se to bygg som har like mye av Stavangers ånd i seg som katedralen bak ham.

På østsiden, høyt over Skagenkaien, er Valbergtårnet, et landemerke i byen allerede i det 17. århundre. Tårnet er en så inngrodd del av byen at da ryktene gikk under tyskernes okkupasjon om at tårnet skulle rives for å bruke stedet til bunker, ble det en voldsom indignasjon i Stavanger. Dette var å strø salt i såret: matrasjonering var én ting, men å miste det tradisjonsrike tårnet var noe helt annet.

mours had it that the tower would be demolished to make use of its base as a gun emplacement, there was a tremendous indignation in Stavanger.

The records of a tower on the site go back as far as 1658, when it served as station for the town watchmen, police and firemen.

By 1844 the lightly built wooden tower was in such bad state of repair that it was downright dangerous and had to be propped up by supports all around, according to a document of the time:

'so that the watchmen as well as the residents on Skagen street below could feel reassured about their safety during the fierce winter storms.'

In 1848 the town council decided a new tower was in order and engaged one of the country's leading architects, Christian H. Grosch, to make the final plans. With the council's approval of Mr. Grosch's design for an octagonal granite tower at a cost of 3.200 *speciedaler*, the scene was set for a financial scandal that would rock the town.

As work on the construction progressed, the costs kept increasing and suggestions for cutting expenses poured in; some said reduce the height, some advised using wood for the upper section instead of stone. However, the original plans were finally carried through and the tower stood ready in 1852 at a cost of 9.000 speciedaler, close to three times the original estimate and more than Stavanger's total budget for the year. As if this wasn't enough, the roof soon started leaking and needed extensive and costly repairs before the tower could be properly used for its intended purpose: to house four men sitting there around the clock, watching for the dreaded flames among the wooden houses below them. If a fire was spotted, they would announce it by the toll of a bell and hang a lantern out of the window which faced in the direction of the fire, then shoot off the cannons in front of the tower, calling the menfolk to obligatory fire-fighting duty.

After the big fire of 1860, when the town underwent extensive renovation, a telegraph

Vi hører om et tårn på dette stedet allerede i 1658, da det ble brukt som stasjon for vektere, politi og brannmenn.

I 1844 var det enkle tårnet så forfalt at det var direkte farlig, og måtte ha støtter hele veien rundt ifølge et dokument fra den tid:

«for at saavel vaegtere som nedenfor paa Skagen vaerende Huses Beboere kunde føle sig betryggede overfor en Katastrofe under Vinterstormene.»

I 1848 vedtok bystyret at det trengtes et nytt tårn, og engasjerte én av landets fremste arkitekter, Christian H. Grosch, til å lage tegninger. Med styrets godkjennelse av Grosch's planer for et åttekantet granitt-tårn, til 3200 speciedaler, var det duket for en finans-skandale som skulle ryste hele byen.

Etter hvert som arbeidet med bygget skred frem, fortsatte kostnadene å stige og det strømmet inn med forslag om å skjære ned: noen sa bygg det lavere, andre, bruk tre til øvre del istedenfor sten. Imidlertid ble de opprinnelige planene gjennomført til slutt, og tår-

The Valberg Tower.

line was installed to give the watchmen a 'hot line' to the new fire station. Aside from that, Valberg tower continued to serve as a watch-tower, though steadily losing importance as more and more telegraph and telephone lines were connected, until finally the combination of technical progress and a bad economy put an end to the tower as a lookout point and the watchmen were dismissed in 1922.

During World War II the Germans removed the spire and the roof to make a platform for an anti-aircraft gun, but both were replaced, according to the original design, right after the war.

In 1952 Stavanger town council declared the tower a 'protected property'. As one expert put it: 'The building is one of the loveliest monuments in the Romantic Period of archi-tecture raised outside *Christiania* (Oslo). Aside from its considerable architectural and histori-cal value, it is a fine and characteristic stamp in the picture of Stavanger.'

Valberg tower still looks out over the town, somewhat more somnolently now that people's safety no longer depends on her alert-ness. Instead, she now offers visitors pottery and other crafts in addition to an unsurpassed view of the harbour below her.

Tollboden: The old customs house
If our pedestalled friend, Kielland, would look towards the western side of the harbour, he would see along *Strandkaien* a small, beauti-fully proportioned building that looks as if it had been mistakenly delivered in Stavanger instead of Italy. Not only its warm Mediterre-anean shade of pink, but its late-empire lines strike a rich note of contrast to the suddenly austere wooden houses around it.

However, the old Customs House has sat in that location for about a century and a quar-ter. So, through rights bestowed by age alone, it is as much Stavanger as the wharves facing it across the water.

The local customs authorities commissioned Architect Christian Grosch in the late 1830's to design a new building. (The same Grosch who

net sto ferdig i 1852. Det hadde kostet 9000 speciedaler, nesten tre ganger det opprinnelige anslaget og mer enn hele Stavangers budsjett for det året. Som om dette ikke var nok, be-gynte taket raskt å lekke og trengte omfat-tende og dyre reparasjoner før tårnet kunne tjene sin hensikt. Fire mann skulle sitte der døgnet rundt på vakt mot brann i husene nedenfor. Hvis de så det brenne, meldte de fra ved å ringe med en klokke i tårnet og henge en lampe ut av vinduet som vendte mot ilden. De skjøt også med kanonene foran tårnet for å innkalle byens menn til obligatorisk brann-slukning.

Etter den store brannen i 1860 da byen gjennomgikk omfattende fornyelse, ble det bygget en telegraflinje som ga vekterne rask forbindelse med den nye brannstasjonen. Men Valbergtårnet ble fortsatt brukt som vakttårn, selv om det ble stadig mindre viktig etter hvert som flere telegraf- og telefonlinjer kom til. Men til sist satte kombinasjonen av teknisk fremskritt og dårlig økonomi en stopper for tårnets misjon som utkikkspost, og vekterne ble sagt opp i 1922.

Under den annen verdenskrig fjernet tys-kerne spiret og taket for å bygge en antiluft-skyts-post, men begge deler ble satt på plass med én gang etterpå, slik det hadde vært før.

I 1952 erklærte Stavanger bystyre at tårnet skulle fredes. Som en ekspert sa: «Bygningen er ett av de vakreste monumenter som er reist utenfor Christiania i arkitekturens romantiske periode. I tillegg til å ha betydelig arkitekto-nisk og historisk verdi, er det et fint og karak-teristisk trekk i Stavangerbildet.»

Valbergtårnet ser ennå ut over byen, litt mer søvning nå kanskje, som folks sikkerhet ikke lenger er avhengig av tårnvakten. Isteden til-byr tårnet keramikk og andre brukskunstvarer til besøkende, i tillegg til en enestående utsikt over havnen nedenfor.

Den gamle tollboden
Dersom vår venn på pidestallen, Kielland, så mot vestsiden av havnen, ville han ved Strandkaien se en liten bygning med nydelige

a few years later would design the medieval-inspired *Valberg* tower).

Completed in 1840, the new customs house was considered a large and imposing edifice, suitable for the thriving economy brought by the sailing ships laden with cargo, for which customs duty was to be paid.

Until the Strand quayside was extended in 1860, Tollboden stood by the edge of the water, its main entrance on the south side. The present stairs with their wrought iron banisters (which carry Stavanger Støberi & Dok's seal and the date 1862), and the front portal were added at that time.

Back in those days, *Strandgate* was the town promenade; the customary goal for a walk would be 'as far as the shining door knobs' (of Tollboden) and back.

proporsjoner som ser ut som den ved en feiltakelse er havnet i Stavanger istedenfor i Italia. Ikke bare dens varme Middelhavstone av lyserødt, men dens sen-empiriske linjer står som en rik kontrast mot de plutselig så strenge bygningene rundt.

Imidlertid har den gamle tollboden stått på denne plassen i omtrent 125 år, slik at den i kraft av alders verdighet er like mye del av Stavanger som sjøhusene rett over Vågen.

Stedets tollmyndigheter ga arkitekt Christian Grosch i oppdrag å tegne et nytt bygg i slutten av 1830-årene. Den samme Grosch som få år senere skulle tegne det middelalderinspirerte Valbergtårnet.

The ship owner's office around the turn of the century. At the Maritime Museum.

Tea and spices and tobacco from the far corners of the world, brought back by Stavanger's fleet of sailing ships. From the Merchant Museum.

With the passage of time, the premises became cramped and in 1905 the customs authorities moved to a new building across the harbour, on *Skansekaien*. The old building was put to a variety of uses, ranging from cannery ware-

Den nye tollboden ble sett på som et stort og imponerende byggverk da den sto ferdig i 1840, vel tilpasset de gode tider som seilskutene hadde brakt, med lastene som det skulle betales toll for.

Til kaien ble bygget ut i 1860 sto tollboden helt ved vannet, med hovedinngangen på sydsiden. Trappen som er i bruk i dag, med smijernsgelender med Stavanger Støberi &

Stavanger's oldest shop, Fred Hansen's, in the rococco house that was built in the late 1700s by an ancestor of the present owners, Ole Smith Ploug.

house to public health offices and, during World War II, it served as headquarters for the occupying German harbour command. During these war years the building was stripped of valuables and historical mementos, even the shining brass doorknobs disappeared.

In 1976 the old customs house was painstakingly restored inside and out, attic to cellar, and now contains the offices of the Harbour Master and his staff. Vaulted ceilings, massive brick stone pillars and arched windows have all been preserved; yet another proof that what was good of the old keeps on being good.

The Hansen Family Saga

One of the few old houses that have managed to survive into the 20th century externally un-

Doks merke datert 1862, og inngangen foran, ble bygd til da.

På den tid var Strandkaien byens promenade og en vanlig spasertur var gjerne «ned til de skinnende dørhåndtakene» (til tollboden) og tilbake.

Med tiden ble plassen for liten og tollmyndighetene flyttet til et nytt bygg på den andre siden av Vågen, på Skansekaien, i 1905. Den gamle bygningen ble nyttet til en rekke formål, fra hermetikklager til helsekontor; under den annen verdenskrig var den hovedkvarteret til den tyske havnekommandoen. I krigsårene ble bygningen tømt for verdisaker og historiske minner, ja selv de skinnende håndtakene av messing forsvant.

I 1976 ble den gamle tollboden omhyggelig restaurert både ute og inne, fra loft til kjeller; nå er den kontor for havnefogden og hans stab. De buede takhvelvingene, veldige søyler av mursten og sten og buede vinduer er alt

The Køhler House is one of the most beautiful in Stavanger. Built by the J. M. Køhler family in the 1840's, it has now sadly lost its park-like frontage and has been converted into a shop. The magnificent trees behind it are still standing, a reminder of better days.

changed has been Fred. Hansen's blue and white building on Skagen. A photograph taken a hundred years ago shows the house trim and neat with sharp angles and firm outlines. Today, its contours have settled and softened. All the angularity gone, it has become comfortable much the way an old slipper does which has taken on the shape of its owner's foot.

The Hansens' rococco house with its pillars and carved front door was one of the finest in Stavanger at the time it was built, in the late 1700's. The builder was an ancestor of the present owners, Ole Smith Ploug, founder of one of the largest merchant houses in Stavanger.

sammen bevart. Bygningen er nok et bevis på at det gamle som var godt, kan passe inn i vår tid.

Sagaen om familien Hansen

Ett av de få gamle husene som har overlevd inn i det 20. århundre, i det ytre uforandret, er Fred Hansens blå og hvite bygning på Skagen. Eller ihvertfall teknisk sett uforandret. Et fotografi som ble tatt for hundre år siden, viser huset velstelt og vakkert med skarpe hjørner og fast kontur. Idag har konturene satt seg og myknet, alt det kantede er vekk; det er blitt komfortabelt på omtrent samme vis som en tøffel som har tatt form av eierens fot.

Rokokko-huset med joniske søyler ved hovedinngangen var ett av Stavangers fineste hus da det ble bygd sent på 1700-tallet. Byggherren var en forfader til dagens eiere: Ole Smith Ploug, grunnleggeren av ett av Stavangers største kjøpmannshus.

The Rosenkilde House was one of the grandest in town. Today it has been lovingly restored. An outdoor restaurant spreads around the fountain in front.

Smith Ploug started out salting and exporting herring. In time he built up a sizeable shipping company exporting not only his own herrings but handling international freight as well. He worked with diligence and became one of the richest men in town. A young orphaned relative from Haugesund, Hans G.B. Sundt, was taken into the business and made a partner in 1791, changing the firm's name to Ploug & Sundt.

At the death of the old founder. Sundt took over not only the business but married his erstwhile partner's widow. He moved into the property on Skagen where he prospered, until towards the end of the century when one of his ships was pirated in the Mediterranean. Soon after, he lost three more ships in the Napoleonic wars, putting the firm in a precarious balance which was not righted until its management was taken on in the 1840's by his son in law, the first Hansen, a Danish immigrant who married Sundt's daughter Elisa Margrethe.

Smith Ploug begynte med å salte og eksportere sild og bygde med tiden opp et stort rederi som ikke bare eksporterte hans egen sild, men som også virket i det internasjonale fraktmarked. Han var arbeidsom og ble en av byens rikeste menn. En ung slektning fra Haugesund, Hans G. B. Sundt, som var blitt foreldreløs, kom inn i forretningen og ble partner i 1791. Firmanavnet ble da endret til Ploug & Sundt.

Da grunnleggeren døde tok ikke Sundt bare over forretningen, men giftet seg med sin avdøde partners enke. Han flyttet inn i eiendommen på Skagen. Der blomstret både han og forretningen inntil ett av hans skip kom ut for sjørøvere i Middelhavet, ved århundreskiftet. Like etter mistet han tre skip til under Napoleonskrigen, noe som satte selskapet i en vanskelig stilling. Det kom ikke på rett fot igjen før ledelsen ble tatt over i 1840 av sviger-

Bjergsted

Under the leadership of Lauritz Wilhelm Hansen, the family firm continued to do well over the next 40 years, earning him civilian honours and the title of *stadshauptman*. In 1850 he purchased the *Bjergsted* property where he had a grand Swiss-style 'cottage' built, surrounded by a magnificent park, for use as a summer residence in the country.

Bjergsted has now been converted into the focal point of Stavanger's music life. A domed exhibition hall in the grounds was converted into a 1100 seat concert hall and another building was erected containing two smaller halls used mainly for chamber music concerts and recitals. The Bjergsted complex accommodates also the Rogaland Music Conservatory and the Stavanger Music School, plus rehearsal and administrative space.

The old gives way to the new. Behind the old Hansen house is this delightful suntrap where beer and shrimp can be enjoyed on a summer evening.

sønnen, den første Hansen – en dansk innvandrer som hadde giftet seg med Sundts datter Elisa Margrethe.

Bjergsted

Under Lauritz Wilhelm Hansens ledelse fortsatte familiefirmaet å blomstre de neste 40 år og gjorde ham til en aktet mann med æresbevisninger og tittel av stadshauptman. I 1850 kjøpte han den vakre Bjergsted-eiendommen hvor han lot bygge en storartet «hytte» i sveitserstil, omgitt av en praktfull park, til bruk som sommerbolig på landet. Bjergsted er nå omskapt til sentret for Stavangers musikkliv. En kuppelhall, bygd for utstillinger, ble omgjort til konserthus med plass til 1100. Stavanger Symfoniorkester, som spiller der, har Rogaland Musikkonservatorium til nabo. Konservatoriet har to saler som blir brukt til kammermusikk-konserter. Et tredje bygg huser Stavanger Musikkskole, som har sin egen sal.

Konserthus-foajéen blir brukt til utstillinger.

The foyer of the Concert Hall is used for exhibitions and, during the summer months, for informal drop-in concerts during the day.

The availability of a top class concert hall with large seating capacity has brought Stavanger out of the cultural hinterland and into the path of some of the foremost names in music from around the world. The park itself, with its towering chestnut trees, is a pleasure in any season. On evenings when there is just an echo of light in the western sky, the Concert House dome seems to hover among the trees, emitting a transluscent copper glow which draws the eager steps flocking towards it from all sides.

But back to the late 1800s. At old Lauritz's death, his son Wilhelm took over the business. He married the daughter of the other big merchant house in town, J. A. Køhler & Co. In the space of a few years after his father in law died, he gained control of that firm as well, uniting more wealth and power than had been held in one hand in the town's history.

Wilhelm, who enjoyed living in style, moved his family into the elegant *Køhler residence in*

The Swiss-inspired 'Bjergsted' summer house of the Hansen family purchased in 1850, was totally destroyed by fire in 1941.

I sommermånedene er det også gratis stikkinnom konserter der.

Å få et stort konserthus i toppklasse har ført Stavanger fra en kulturell avkrok inn på reiserutene til noen av musikkens verdensnavn. Parken, med sine svære kastanjetrær, er en fryd gjennom alle årstider. Like før vest-himmelen må gi slipp på det aller siste kveldslyset, ser det ut som kuppelen svever mellom trekronene og sender ut en gjennomskinnelig kopper-glans som trekker ivrige skritt fra alle kanter.

Men tilbake til 1800-tallet. Da gamle Lauritz døde, tok sønnen Wilhelm over forretningen. Han giftet seg med datteren til det andre mektige kjøpmannshuset i byen, J. A. Køhler & Co. I løpet av noen få korte år fikk han da svigerfaren døde også ledelsen over dette selskapet, slik at han hadde mer rikdom og makt på en hånd enn noen hadde hatt i byens historie.

Køhlerhuset i Hillevåg
Wilhelm, som likte å ha det komfortabelt og elegant, flyttet familien til den stilige Køhler-

Hillevåg inherited by his wife, to which he had another storey added. The large white house looks outwardly much as it did over a hundred years ago, except that in those days it was out in the country, with rolling soft land around it going all the way down to Gandsfjord, whereas now highway 44 rushes a few meters past its front, day and night. The old Køhler house now serves as Hillevåg's community hall and partly as a carpet warehouse. Still, in spite of such a utilitarian fate, it has managed to retain some of its former graciousness.

At the time Wilhelm Hansen had taken charge of the two businesses, the traumatic changeover from sails to steam was under way and he committed the same error of judgement as so many others in Stavanger: he held on to his sailing ships too long. Thus, when the great crash of the 1880's came, both great firms went under.

Fortunately, not only for the Hansen family but for Stavanger's future generations, Wilhelm's brother Frederik managed to save the old blue and white house on Skagen which, in cherished condition, keeps up with the times selling health food to a nutrition-conscious 20th century.

The new 'Bjergsted' centre.

residensen i Hillevåg, som hans hustru hadde arvet og som han hadde fått bygd en etasje høyere. Ihvertfall utenfra ser det store hvite huset ut omtrent som det gjorde for over hundre år siden, bortsett fra at det den gang lå på landet, med mykt buede bakker hele veien ned til Gandsfjorden, mens riksvei 44 idag løper like nedenfor fasaden. Det gamle Køhlerhuset tjenestegjør nå som Hillevågs Folkets hus, og delvis som teppelager. Likevel har det klart å beholde noe av sin tidligere eleganse, selv med en slik prosaisk skjebne.

På den tid da Wilhelm Hansen hadde tatt over de to forretningene, var den sjokkartede overgangen fra seil til damp på vei, og han feilvurderte som så mange andre i Stavanger: han beholdt seilskutene for lenge. Slik hadde det seg at han var for utsatt da krakket kom i 1880-årene, og begge de store firmaene brøt sammen med et brak.

Heldigvis, ikke bare for Hansen-familien men for Stavangers kommende generasjoner, klarte Wilhelms bror Frederik å redde det gamle hvite og blå huset på Skagen som nå, omhyggelig pleid, følger med tiden og selger

Ledaal

Ledaal is Stavanger's uncontested manor house, not only because it is the Royal Family's residence when they visit, but because of its air of solid dignity and breeding.

Sitting at the end of an avenue of trees, pink and stately, Ledaal occupies the heart of one of the choicest areas in town, a fact which surrounding homeowners are well aware of. The Eiganes district between *Wesselsgata* and *Mosvannsparken*, built mostly between 1910–40, boasts of scores of large, beautiful old homes with well established gardens whose spring flowers are always the first to bloom and whose autumn leaves turn the most spectacular colours. Even the trees are more lush here and the moss-covered stone walls more mellow than in any other part of Stavanger. Sadly, many of the houses are becoming too large and too expensive for single families, and are frequently divided and sold as smaller apartments these days.

Ledaal was built by the Kielland family, another of the great merchant families of the town. The land was purchased, lot by lot, from the old Egenes estate. A small summer cottage was raised on the first of the lots by Jakob Kielland in 1773. His son, Gabriel Schanche Kielland became a prominent figure in public life, in addition to operating one of the largest businesses in the country, and his home was the centre-point of Stavanger's social life. The small cottage he inherited from his father did not do justice to entertaining on such scale; a modest manor house along the lines of what he had seen in Denmark would be more appropriate, he felt.

Four builders were promptly fetched from Copenhagen in 1799 and they finished their task four years later, the only private brick building of the time. Sandstone had been brought all the way from Bornholm and iron and brassware form Scotland. A Danish carpenter called Niels Juel was put in charge of the interior, having been particularly requested to 'acquaint himself with the building of modern staircases which were placed inside

helsekost til det ernæringsbevisste 20. århundre.

Ledaal

Ledaal er Stavangers staseligste hus, uten tvil; ikke bare fordi det er kongebolig, men også på grunn av dets aristokratiske og verdige utseende.

Der det ligger ved enden av en allé, lyserødt og staselig, har Ledaal fått hjertet av ett av byens beste områder, noe huseierne i strøket er seg bevisst. Eiganesområdet mellom Wessels gate og Mosvannsparken, som for det meste ble bygd ut i årene fra 1910 til 1940, har en rekke store og vakre, gamle hus med velstelte haver hvis vårblomster alltid er tidligst ute og hvis høstløv får de mest dramatiske farver. Selv trærne er frodigere her, og de mosekledde stenmurene mer ærverdige enn noe annet sted i Stavanger.

Ledaal ble bygget av Kielland-familien, en annen av byens store kjøpmannsfamilier. Området ble kjøpt, bit for bit, fra den gamle Egenes-gården. Et lite sommerhus ble satt opp på den første tomten av Jakob Kielland i 1773. Sønnen Gabriel Schanche Kielland ble en fremtredende offentlig skikkelse i tillegg til at han drev én av landets største forretninger, og hans hjem var midtpunktet for Stavangers selskapsliv. Det lille sommerhuset han arvet etter faren, var ikke godt nok for selskapelighet i en slik målestokk; et beskjedent herresete i likhet med det han hadde sett i Danmark ville passe bedre, mente han.

Det ble raskt hentet fire byggmestre fra København i 1799, og de var ferdig fire år senere med det som var byens eneste murbygning i privateie den gang. Sandsten var blitt fraktet helt fra Bornholm og jern og messingvarer fra Skottland. En dansk snekker, Niels Juel, ledet interiørarbeidet, etter å ha blitt bedt uttrykkelig om å skaffe seg kjennskap til bygging av moderne trapper «som gaar inden i Huset og i hvis Midte hænger giærne Løgter som i hver Etage oplyser Trappen.»

Da huset var ferdig ga den stolte eier det, og alt det han hadde kjøpt opp av Egenes-eien-

Ledaal was once the Kielland family's summer house. The Royal Family now stay here sometimes, when they visit Stavanger. The lovely manor house is open to the public.

the house, in the centre of which lights hang at each floor for illuminating the stairs'.

When the house was completed its proud owner gave it, and all the land he had acquired from the Egenes property, the common name of Ledaal. He let it be known around the town that he was offering a substantial sum of money or an elegant party as prize to anyone who could guess the meaning of the name. However much a party at Ledaal must have been coveted, there was none in Gabriel Schanche Kielland's lifetime who could come up with the right answer. The solution to the riddle was not found until after his death, in the papers he left behind. He had combined the last letters of his own and his wife's names: GabrieL SchanchE KiellanD, JohannA MargarethA BulL.

During well over a hundred years of private ownership, Ledaal passed through the hands and lives of five generations of Kiellands, used mostly for entertaining and as a summer

dommen, fellesnavnet Ledaal, og han lot det bli kjent i byen at han ville tilby en betydelig pengesum eller et elegant selskap som premie til den som kunne gjette hva navnet betydde. Uansett hvor høyt et selskap på Ledaal må ha vært skattet, var det ingen som fant det rette svar mens Gabriel Schanche Kielland levde. Løsningen på gåten ble først funnet i papirer som ble gjennomgått etter hans død. Han hadde satt sammen de siste bokstavene i sitt eget og hustruens navn: Gabrie*l* Schanch*e* Kiellan*d*, Johann*a* Margureth*a* Bul*l*!

Gjennom vel hundre år i privat eie gikk Ledaal gjennom fem generasjoner Kiellands hender og liv; for det meste brukt til selskapelighet og som sommerbolig. Av dem alle var det bare den nestsiste herre, Jonas Kielland, som brukte det til helårsbolig for den store familien sin.

house. Of them all, it was only its next to last master, Jonas Kielland, who used it as a year-round home for his large family.

One of his daughters, Wibecke Kloster, has written her reminiscences about her childhood home. She tells of the years spent within the framework of family members and elaborate household rituals; a childhood protected by order and tradition. She tells of huge Christmas festivities that went on for days, of games and dancing lessons and children's balls. Of Sunday dinners and walks with father and of the boys' games of cowboys and indians which once in a while required the participation of a girl – for the rather terrifying privilege of being abducted or tortured.

For Wibecke, the accompaniment to all the other experiences at Ledaal was a constant, bone-chilling cold that had her blue knuckled from early autumn until early summer. The combination of thick, cold-retaining walls, large heat-escaping windows and tall ceilings made the huge house almost impossible to heat, even without the rather spartan tastes of her parents.

Running the household was an occupation that kept Helene Kielland, Wibecke's mother, constantly on the go. The endless brass door knobs were to shine, so were the twenty seven windows. The curtains in front of these windows were a full time occupation in themselves. Most were still the original ones hung almost a hundred years previously, when the house was first built. Their rich material had been renewed here and there, but because of the difficulty of matching new material to the old, endless time and effort was given to their upkeep.

To launder them, a huge zinc tub with rounded corners had been specially built. The curtains were washed and rinsed inside pillow cases, untouched by human hands in order to keep wear to a minimum.

Freshly starched, newly mended curtains would be hung when spring cleaning was done. Not only starch but blueing had to be used with the flimsy white ones, and a candle

Rocking horse used by generations of 'Ledaal' children.

En av døtrene hans, Wibecke Kloster, har skrevet om sine minner fra barndomshjemmet. Hun forteller om årene som ble tilbrakt i familiefellesskapet med kompliserte husholdnings-ritualer: en barndom beskyttet av orden og tradisjon. Hun beskriver julefester som varte i dagevis, selskapsleker og dansetimer og barneball. Søndagsmiddager og spaserturer med faren, og guttenes indianer- og cowboyleker som bare trengte tilskudd av en pike for det angstinngydende privilegium å skulle bortføres eller tortureres.

For Wibecke ble alle de andre erfaringene fra Ledaal akkompagnert av en uopphørlig, margfrysende kulde som gjorde henne blåfrossen fra tidlig på høsten til tidlig om sommeren. Kombinasjonen av tykke vegger som holdt på kulden, store vinduer som slapp ut varmen og stor takhøyde gjorde det nesten umulig å varme opp det store huset, rent bortsett fra foreldrenes temmelig spartanske innstilling.

Ledelsen av husholdningen var en oppgave som holdt Helene Kielland, Wibeckes mor, travelt opptatt tidlig og sent. De utallige messinghåndtakene skulle skinne i likhet med de syvogtyve vinduene. Og bare gardinene foran disse vinduene var en heltidsoppgave. De fleste var ennå de opprinnelige, som hadde hengt der i nesten hundre år siden huset ble bygd. De fine stoffene var fornyet her og der, men fordi det var så vanskelig å finne nytt

stump or two would be boiled into the mixture to make the iron glide more easily. Then, a special ironing woman would come who would monopolise all day the great dining room table pulled out to its full length. But the truly great responsibility was Helene Kielland's, she was the only one to hang the drapery. She would rest the knobbed, gold painted curtain rods across the backs of two chairs and, according to the pencil marks on the rods, she would proceed to 'dress' them. She would arrange the various layers, the side curtains, the top capes, make sure all the folds, the gathers were in the right place, that nothing was too high or too low. When they were finally ready, they stood like petticoated, ballgowned ladies around the room, ready to be lifted on their rods into place above the windows.

In 1914 Eiganesvei was widened and the garden walls had to be moved in by six metres. Three years after this, the family donated the grounds of Ledaal to Stavanger, for use as a public park. Then, after the death of Jonas Kielland, his children moved from Stavanger and the house was purchased by Stavanger Museum in 1936, to be used for the town's formal entertaining on festive occasions, as a local residence for visiting royalty, and as a showpiece for visitors who would like an inside glimpse of the type of surroundings that upper class 18th and 19th century Stavanger lead their lives in. Drapery included.

Wibecke Kloster tells of the very last garden party the family held at Ledaal. The atmosphere was tight and emotional, she sat in her mother's usual place and her brother Thor stood to make a speech. As he lifted the heavily engraved crystal goblet with the inscription 'Host of Ledaal' to offer a toast, the goblet burst into a hundred fragments in his hand. He had been the last host of Ledaal.

Gamle Stavanger
The overall style of construction did not change much during the 17th–18th centuries.

stoff som passet til det gamle, ble det brukt uendelig med timer og innsats for å stelle dem.

For å vaske dem var det spesiallaget en kjempesvær sinkbalje med rundede hjørner. Gardinene ble vasket og skylt inne i putevar, uberørt av menneskehender, slitasjen skulle være minimal.

Nystivede, nyreparerte gardiner ble hengt opp når vårrengjøringen var over. Til de tynne fagene ble det ikke bare brukt stivelse men også blåtoning, og en lysestump eller to ble kokt med i blandingen for at jernet skulle gli lettere. Så kom det da en strykekone som hadde monopol på det store spisebordet, trukket ut i full lengde, hele dagen. Men det virkelige ansvaret lå i Helene Kiellands hender. Hun skulle henge opp gardinene. Hun pleide å legge de forsirte, forgylte gardinstengene over to stoler og så «kle» dem med hjelp av blyantmerker på stengene. Hun la til rette alle de forskjellige fagene, – sidegardiner, kapper, og forsikret seg om at alle folder og alle rynker var på akkurat rett sted, at intet var for høyt eller for lavt. Når de så endelig var ferdige, sto de som balldamer med vide underskjørt rundt om i værelset, ferdig til å bli løftet på plass over vinduene.

I 1914 ble Eiganesveien gjort bredere og havemurene måtte flyttes seks meter inn. Tre år senere ga familien parken til Stavanger, til bruk som offentlig friområde. Senere, etter Jonas Kiellands død, flyttet barna fra Stavanger og huset ble kjøpt av Stavanger Museum i 1936 for å brukes som byens selskapssal, kongebolig, og severdighet for besøkende som gjerne ville ha et gløtt av miljøet til overklassen i Stavanger i det 18. og 19. århundre. Komplett med gardiner.

Wibecke Kloster forteller om det aller siste haveselskap familien holdt på Ledaal. Stemningen var spent og følelsesladet; hun satt på morens vanlige plass og broren Thor reiste seg for å holde en tale. Da han løftet sin sirlig graverte krystallpokal med inskripsjonen «Verten på Ledaal» for å utbringe en skål, brast pokalen i tusen knas i hånden hans. Han hadde vært den siste vert på Ledaal.

Houses continued to be built mostly of wood.

Looking at the old town of Stavanger behind Strandkaien on the western side of Vågen, it is not very difficult to mentally transfer one's self back a couple of hundred years. Walking through the narrow cobbled streets of shiny white houses, with pot plants and ornaments galore behind gleaming lace curtained windows and flower boxes overflowing in the summertime, one sees much the same sight as that which welcomed homecoming seamen some 150 years ago. All except for the television aerials.

The area west of Strandkaien was grazing and farmland until the beginning of the 19th century. Then, with sudden prosperity and the influx of new people, the little houses were built, to accommodate the families of sailors and craftsmen.

That this is all still here is by no means to be taken for granted. In fact, but for the intervention of those same far-seeing men who are responsible for the continued existence of the harbourside sjøhus, all of old Stavanger would now be a super-efficient ring road with blocks of concrete apartment houses.

The *Gamle Stavanger* Society was formed in 1957 for the rehabilitation and preservation of old Stavanger, which they do in cooperation with the householders. Financial aid is given in the replacement of doors, windows, roof tiles, so that the district may keep its characteristic appearance. Free architectural advice is given regarding alterations; paint manufacturers have made donations towards the gallons and gallons of white paint needed to keep their immaculate facades, portable clothes lines have been provided to replace unsightly outhouses; cobblestones have been re-laid in some of the streets and open places have been planned and planted with the help of the Parks Department.

Left: Unlike other industrialized towns around the world, these were not cramped, dark neighbourhoods of tall, grey apartment houses, but small wooden dwellings on their individual lots.

Gamle Stavanger

Bygningsstilen i sin alminnelighet forandret seg ikke mye i de 17. og 18. århundrer. Husene ble stadig vekk bygd av tre for det meste.

Ser man tilbake på Stavangers gamleby bak Strandkaien på vestsiden av Vågen, er det slett ikke vanskelig å tenke seg tilbake et par hundre år. Den som går gjennom de smale, brolagte gatene forbi velstelte, hvite hus med potteplanter og en masse pyntegjenstander bak skinnende, blondegardinpyntede vinduer og overdådige blomsterkasser om sommeren, ser nokså nær det samme syn som hilste sjøfolk velkommen hjem for 150 år siden. Det vil si med unntak av fjernsynsantennene.

Området vest for Strandkaien var beitemarker og jorder i mange år, helt til begynnelsen av det 19. århundre. Da begynte de små husene å springe opp som hjem for familiene til sjøfolk og håndverkere, ankommet med plutselig velstand og innflytting.

Det er der ennå alt sammen, men må slett ikke bli tatt for gitt. Faktisk er det bare innsatsen til de samme forutseende menn som har ansvaret for at sjøhusene ennå står, som forhindret at Gamle Stavanger ble en supereffektiv ringvei med blokker av betong.

Foreningen Gamle Stavanger ble dannet i 1957 for å gjenreise og bevare Gamle Stavanger, et arbeid som foregår i samarbeid med huseierne. Det blir gitt økonomisk støtte til å erstatte dører, vinduer, taksten, slik at området kan beholde sitt karakteristiske preg. Til forandringer blir det gitt gratis arkitektbistand; malingprodusenter har bidradd til de mange liter maling som må til for å holde de skinnende plettfrie fasadene; det er skaffet tilveie sammenleggbare klesstativer for å erstatte heslige uthus; det er lagt brosten i noen av gatene, og åpne plasser er lagt ut og beplantet av parkvesenet.

Nå for tiden bor det små familier i de fleste husene, men mot slutten av forrige århundre var husmangelen så stor at opptil 20 mennesker fra fem til ti forskjellige husholdninger kunne dele ett hus på størrelse med en vanlig sommerhytte idag.

Nowadays, the little houses tend to contain small families, but towards the end of last century the acute housing shortage meant that as many as 20 people – from 5 to 10 separate households – would share one house the size of an average summer cottage.

The narrow, irregular streets of Gamle Stavanger make for one of those satisfying tours of discovery where around every corner some unexpected delight awaits one, be it patriotic red white and blue petunias in an old black iron pot by a doorstep, a cat curled up on a window sill observing the world through geraniums and lace, or a minuscule dormer window up high in a roof that appears the answer to every little girl's dreams.

De smale krokete gatene i Gamle Stavanger innbyr til den form for virkelig tilfredsstillende oppdagelsestur hvor uventede gleder venter rundt hvert hjørne – enten det nå er en gammel svart jerngryte ved en trapp, en katt krøllet sammen i vinduskarmen observerende verden gjennom geranier og blonder, eller et bittelite loftsvindu høyt oppe på et tak som virker som svaret på enhver liten pikes drømmer.

Part of Gamle Stavanger: 'Andabakken'. Looking at the old town of Stavanger, it is not difficult to mentally transfer one's self back a couple of hundred years.

Looking across from Bjergsted, towards the Victoria Hotel on the other side of the harbour.

The Ullandhaug radio tower can serve as a useful landmark in Stavanger's sometimes confusing landscape. The hill below is popular for walking and, in winter when snow falls in Stavanger for a few precious days, skiers use the illuminated slopes.

The view from Ullandhaug

SCANNING ANCIENT DWELLINGS, VIKING BATTLES AND DATA BANKS

If you look up from just about any spot in Stavanger, chances are you will see a tower poised on a hilltop like a rocket. It is the Ullandhaug radio tower with a television booster mast which functions as a telephone relay station. The tower was built in 1960.

The sight may not take your breath away, (except perhaps at sundown, when it takes on lovely pink and lilac hues) but it is a constant landmark which can be comforting in Stavanger's asymmetrical layout.

There was a tower here as early as 1896 – Haraldstårnet – erected by the Stavanger Tourist Association. It was a squat, fortresslike structure with a crenellated tower. Inside, a large hall decorated with runic inscriptions served as a cafe for some years. Circling the upper story was a walkway with memorial stones of Ryfylke marble with the names of people, places and battles from the Sagas inscribed in runic letters. Arne Garborg commented after his first visit: ' . . . incredibly splendid and Norwegian to be in Stavanger.'

Ullandhaug tower stands on the highest spot in Stavanger. At its base is *Sørmarka,* an extensive nature reserve of woods whose paths are popular with strollers, joggers, horse riders and skiers, with Stavanger's only illuminated slope.

Climbing up to the tower, you will find a ring of stones with runic inscriptions near their base, saved from the first tower.

Climb further, and from the windswept balconies you will have a 360° view of the town and the surrounding fjords and mountains, Jæren's flat farmland and the sea beyond. If you come in the late afternoon, you will be re-

Ullandhaug

Hvis du ser opp fra omtrent hvor som helst i Stavanger, vil du høyst sannsynlig se et tårn, oppstilt på en bakketopp som en rakett. Det er radiotårnet på Ullandhaug med en televisjons-forsterker-mast, som også fungerer som relé-stasjon for telefon. Tårnet ble bygd i 1960.

Kanskje er det ikke akkurat så vakkert at det tar pusten fra deg (unntatt kanskje ved solnedgang, når det får praktfulle lyserøde og lilla toner), men det er et fast landemerke som kan være en hjelp midt i Stavangers asymmetriske byplan.

Det sto et tårn her allerede i 1896. Det ble kalt Haraldstårnet, og var satt opp av Stavanger Turistforening. Det var bastant, lik en festning, med skytterskår rundt tårnet. Inne ble en stor runeprydet hall brukt som kafé en tid. Rundt toppen gikk et galleri med minnestener av Ryfylke-marmor. Navnene på steder, slag og skikkelser i sagaene var hugd inn med runeskrift. Arne Garborg kommenterte etter sitt første besøk dit at det var «. . .utrolig gjevt og norsk å være i Stavanger».

Ullandhaugtårnet står på Stavangers høyeste punkt. Ved foten ligger Sørmarka, et stort friområde med skoger hvor stiene tiltrekker gående, joggere, ryttere og skiløpere til Stavangers eneste opplyste skibakke.

Går du opp til tårnet, vil du finne en stenring med rune-inskripsjoner ved foten. Dette er ingen gammel boplass, men et minnesmerke for kjente navn og steder i Rogaland.

Gå videre, og fra den forblåste balkongen rundt tårnet vil du oppdage at du har 360 graders utsyn over byen og fjordene omkring: fjell, Jærens flate jorder og havet utenfor. Hvis

warded with all this, bathed in the rich glow of sunset. So, look around you and you will see all these wonders at your feet:

Hafrsfjord

The fjord towards the west is the selfsame one where that most famous Viking, *Harald Hårfagre,* fought the great battle which united Norway into one powerful kingdom, around the year 1075.

It is told in Snorre's Sagas that Harald, a mighty chieftain, sent his men to fetch a rich peasant's lovely daughter, Gyda, whom he had set his heart upon marrying. But Gyda, instead of meekly complying, sent word back that she would consider him worthy only if he joined all the warring fiefdoms in the country and became king of all of Norway.

Instead of becoming furious, Harald gave the challenge thought, decided it was reasonable and swore he would neither cut nor comb his hair until he did indeed achieve his goal.

He fought the length and breadth of Norway and finally arrived victorious on the southwest coast, to meet the last of the resisting rival chieftains at Hafrsfjord. The clash of their armies made the fjord run with blood. After a mighty battle Harald defeated his enemy and was proclaimed the first ruler of a united Norway.

King Harald then sent off for Gyda once more. This time she did come, and they were married and eventually had five children and presumably lived happily ever after, with all of Harald's other wives and children.

The Iron Age Farm at Ullandhaug

Just below the radio tower is one of the greatest of contrasts: within a few short feet from one another, we can see the dwellings used by man in the Iron Age 1500 years ago, a cave used by man in the stone age 10,000 years ago, and a block of flats towering above them both, where 20th century man makes his home.

The three long houses of the Iron Age farm

du kommer sent på ettermiddagen, vil du bli belønnet med alt dette, badet i solnedgangens rike glød. Så, se deg rundt og du vil oppdage alt dette utrolige, liggende for dine føtter:

Hafrsfjord

Fjorden i vest er den hvor den mest kjente av alle vikinger, Harald Hårfagre, utkjempet det store slaget som gjorde Norge til et mektig rike ca. år 875.

Det blir fortalt i Snorres Kongesagaer at Harald, som var en mektig høvding, sendte sine menn for å hente en rik bondes vakre datter Gyda, som han hadde bestemt seg for å ekte. Men istedenfor å gi sitt samtykke uten videre, sendte Gyda beskjed om at hun bare ville betrakte ham som verdig dersom han slo sammen alle de stridende små kongedømmene i riket og ble konge over hele Norge.

Harald tenkte gjennom dette istedenfor å bli rasende, fant ut at det var rimelig og sverget på at han verken skulle klippe eller gre håret før han hadde nådd dette målet.

Han utkjempet slag i hele landets lengde og bredde, og kom til slutt som den seirende til Hafrsfjord på vestkysten for å møte den siste av småkongene som motsatte seg ham. Kampen mellom deres styrker fikk fjorden til å flyte rød av blod. Etter et veldig slag seiret Harald over fienden og ble utropt til hersker over et forenet Norge.

Kong Harald sendte så bud etter Gyda på ny. Denne gangen kom hun, og de ble gift og fikk med tiden fem barn – og så får vi tro at de levde lykkelige alle sine dager, med alle Haralds øvrige koner og barn.

Jernaldergården på Ullandhaug

Like nedenfor radiotårnet er en av de mest bemerkelsesverdige kontrastene å finne: atskilt av bare noen få meter finner vi boliger slik mennesker brukte i jernalderen, for 1500 år siden, en hule som mennesker brukte i stenalderen for 10 000 år siden, og en boligblokk som kneiser høyt over de andre, hvor det 20. århundres mennesker skaper sine hjem.

De tre lange husene på Jernaldergården fra

'The Three Swords' at Møllebukta, to mark the final battle at Hafrsfjord which united the small kingdoms of Norway.

dating from Norway's migratory period have been rebuilt on the remains of the original foundations, discovered early this century. Under the guidance of the Archaeological Museum, two carpenters were given tools and materials such as the original builders must have used, and they raised the three long houses with but an axe each, using no nails, only wooden plugs. The walls are of wood with an outer layer of stone (for extra protection and insulation) which is particularly thick towards the north-west, from were the cold winds come. The roofs are of bark and turf. Inside, strong wooden beams support the structure.

Two of the houses show evidence of having been used daily, the third must have been for special occasions. The smallest of the three, which sits on a little promontory above the others, must have belonged to the head of the family. It appears that this was a family farm with probably three generations living and

Norges folkevandringstid, for omtrent 1500 år siden, er bygd opp igjen på restene av de gamle grunnmurene som ble funnet tidlig i dette århundre. Under ledelse av Arkeologisk Museum i Stavanger fikk to snekkere redskap og materialer lik det de første byggerne må ha hatt, og de satte opp de tre lange husene bare ved hjelp av hver sin øks, uten å bruke spiker – bare treplugger. Veggene er av tre med en utvendig stenmur (for ekstra beskyttelse og isolasjon), særlig tykk mot nordvest som gir de kaldeste vindene. Takene er av bark og torv, og inne er det kraftige tømmerstokker som holder taket oppe.

To av husene bærer spor av å ha vært i bruk daglig, det tredje må ha vært brukt for spesielle anledninger. Det minste av de tre, som ligger på en liten kul høyere enn de andre, må ha tilhørt familiens overhode. Det ser ut til at

working it. In two of the houses domestic animals were kept – cows, sheep and pigs mainly. At the other end there was a grain storage and in the centre, which the family must have used, there are the remains of several fireplaces, of spilled grain, some 20 millstones and many pieces of pottery. This must have been the women's domain: in addition to the cooking utensils, parts of at least five spinning wheels were also found, plus the weights used for weaving cloth.

The approximately 10 acre walled farm, in use from 350 A.D. – 550 A.D., was cultivated by Iron Age man, growing mostly grains. Besides, he must have owned fishing rights to Hafrsfjord as well, since several strong fish hooks such as would be used for deep-water fishing were also found on the site.

Disappointing as it must have been to the scientists to have a huge modern building intruding on what they had hoped would be an accurate image of man's environment 1500

dette var en familiegård hvor tre generasjoner kan ha bodd og arbeidet sammen. I to av husene ble det holdt husdyr – kyr, sauer og griser for det meste. I den andre enden var det kornlager og i midten, hvor familien må ha holdt til, fins restene av flere ildsteder, av korn som er sølt under maling, omtrent 20 møllestener og mange potteskår. Dette må ha vært kvinnenes område; i tillegg til redskapene for matlagning ble det også funnet deler av minst fem rokker og loddene som ble brukt ved veving.

Den omtrent 40 mål store gården, som var i drift fra år 350 til 550, ble drevet av jernaldermennesker som for det meste dyrket korn. I tillegg må de ha hatt fiskerettigheter i Hafrsfjord siden flere kraftige fiskekroker av den typen som ble brukt til havfiske, er funnet på området.

Selv om det må ha vært en skuffelse for vi-

Inside one of the reconstructed longhouses of the Iron Age Farm, where guides show us how life was lived on this spot long ago.

years ago, the tall blocks of flats intensify the impression through contrast, and bring to mind thoughts about little, time-bound man, on earth but for an instant, scurrying about building and ruining civilisations. And solid, patient Earth, indifferent under our feet whether we walk barefoot dragging a clubbed animal behind us, or we use her as a launching pad for space missiles. We can sit on the same rock that was a shelter to Stone Age man some 10,000 years ago, just as he must have sat, and we can see much the same sights as those which met his eyes and the wind will still be blowing cold from the northwest. In our minds we know all this, but can we truly believe it?

The Ullandhaug valley

Just below the Ullandhaug radio tower, to the west lies a valley which in a short time has become the residence of much of Rogaland's intellectual endeavors. This is where the Høgskolesenter – a regional college striving to attain full university status – is located, as well

It would seem that Iron Age man had a much finer sense of esthetics, of keeping in tune with the landscape around him, than today's builder of highrises.

tenskapsfolkene å få en svær moderne bygning som trengte seg inn der de hadde håpet å skape et nøyaktig bilde av menneskenes miljø for 1500 år siden, forsterker den høye blokken virkningen ved hjelp av kontrasten. Den fremkaller refleksjoner rundt det lille og tidsbegrensede mennesket som bare er på jorden et kort øyeblikk, som traver rundt og ødelegger kulturer, og den solide, tålmodige jord, og som ikke lar seg merke med våre føtter enten vi nå går barbent og sleper et ihjelslått dyr bak oss eller vi bruker den som utskytningsbase for romfartøyer. Vi kan sitte på den samme stenen som ga ly til stenaldermennesker for 10 000 år siden, akkurat som han må ha sittet, og vi kan se mye av den samme utsikten som lå foran hans øyne. Med hodet vet vi dette, – men klarer vi virkelig å oppfatte det?

as the Rogaland teacher training college and Norway's foremost hotel management school. The Ullandhaug valley is headquarters for the Rogaland Research Institute, where vital studies are conducted – for the oil industry among others. The television studios of the district branch of NRK, the state owned radio/tv corportation, are located here as well.

Colleges and educational institutions fill the hillside of Ullandhaug.

The botanical gardens

Just beyond all the buildings devoted to intellectual and scientific pursuits is Stavanger's botanical garden, one of the best kept secrets in town. While new hotels are hailed and new shopping centres rhapsodised over, the botanical garden has been quietly growing, as if for its own satisfaction.

It began as an herb garden sometime in the 70s, eventually filling a space not much larger than a couple of building lots, with asymmetrical beds reaching like curving fingers into the central grassy plot. In a few years the garden has extended to become a showcase for everything that will grow in Rogaland soil and climate, often contrary to expectations. There are ornamental flowers, a rock garden, vegetables and herbs – both medicinal and culinary.

Ullandhaugdalen

Like i vest nedenfor radiotårnet på Ullandhaug ligger en dal som på kort tid er blitt sentret for mye av Rogalands intellektuelle streben. Her ligger Høgskolesentret (en regional institusjon som prøver å få full universitets-status) ved siden av Rogaland Lærerhøgskole og Norges fremste hotellfagskole. Ullandhaugdalen rommer også Rogalandsforskning, der det blant mye annet blir utført viktige undersøkelser for oljeindustrien. Også fjernsynsstudioene til lokal-avdelingen av NRK holder til her.

Den botaniske hagen

Like ved alle byggene for intellektuell og vitenskapelig virksomhet ligger Stavangers botaniske hage – en av byens mest bortgjemte gleder. Mens nye hoteller blir hyllet og nye handlesentre diskutert, har den botaniske hagen vokst, stillferdig og uten fanfarer.

Den begynte som en urtehage en gang på 1970-tallet, og kom til å fylle et område så stort som et par tomter. Asymmetriske bloms-

The place can be an excellent source of information and inspiration for gardeners, or simply a little enclosed spot of peace for sitting on a bench for a while.

In time, bits of adjoining land have been cleared, curving paths now climb the hillside among areas planted with evergreens, trees and shrubs in total harmony with nature. Enhancing nature, in fact. Rocks and original vegetation have been retained in places, and they mingle in comfort with the newly planted.

Very seldom does one read or hear about the work on the gardens – or park, actually – yet each time one visits it, it has grown. Yet another path curves away just out of sight among newly planted trees and shrubs. Benches are strategically placed and the paths are illuminated. They make the perfect place for a short, undemanding stroll, for pushing a wheelchair or a baby carriage. Stavanger's botanical gardens bear the mark of that highest of artistic accomplishments: they appear natural.

Fluberget at Revheim
Close by the shoreline of Hafrsfjord, between *Revheim* and *Hestnes* runs a path lovely for walks, with or without dogs. It goes along the waterfront for a while, then meanders through farm yards and along hedges. And amidst all this very normal, very Stavanger-like setting, we suddenly come across a rock face carved with mysterious symbols – are they longships and oarsmen?

The rock carvings, some 25 metres from the road and 15 metres up, date from the bronze age. They extend over a long line of high rocks and aside from the ships, there are circles, outlines of feet, hands and other symbols. In the 1890's, the only whole bronze lure to be found in Norway was discovered near here, so it is probable that Fluberget was a ceremonial or religious site serving a large area.

terbed strakk seg lik bøyde fingre inn i plenen på midten. På få år er hagen utvidet til en utstilling av alt som vil vokse i Rogalands jord og klima – ofte stikk i strid med det vi skulle vente. Den har pynteblomster, stenbed, grønnsaker og urter – både medisinske og kulinariske. Stedet kan være en glimrende kilde til viten og inspirasjon for hagedyrkere, eller ganske enkelt en inngjerdet fredelig flekk der det er godt å sitte på en benk.

Etterhvert er tilstøtende land ryddet. Stier bukter seg nå oppover bakken mellom områder beplantet med eviggrønne trær og busker, i full harmoni med naturen. Som en forbedring i naturen, faktisk. Stener og opprinnelig vegetasjon har fått være i fred noen steder, og passer godt sammen med nye planter.

Ytterst sjelden leser eller hører vi om arbeidet i hagen – eller parken, faktisk. Men den er vokst for hvert nytt besøk. En ny sti slynger seg bak nyplantede trær og busker. Benker er godt plassert og stiene er opplyst. Dette er det ideelle sted for en kort, avslappet tur, for å skyve en rullestol eller en barnevogn. Stavangers botaniske hage har merket på det ypperste av kunstnerisk ferdighet: den virker naturlig.

Fluberget på Revheim
Like ved Hafrsfjord strandlinje mellom Revheim og Hestnes er det en deilig liten sti, for turer med eller uten hund. Den følger vannet et stykke, og slynger seg så gjennom gårdstun og langs hekker. Og midt i alle disse meget vanlige og meget stavangerske trekkene kommer vi plutselig til en klippe hvor det er hugget inn mystiske symboler – er det skip og rorkarler?

Helleristningene, rundt 25 meter fra veien og 15 meter over havet, stammer fra bronsealderen. De strekker seg over et langt felt og i tillegg til skipene er det rundinger, konturer av hender og føtter og andre symboler. I 1890-årene ble den eneste bronseluren som er funnet uskadd i Norge, gravd frem i dette området. Derfor er det sannsynlig at Fluberget var et hellig sted for et stort område.

Slightly further afield

THE FJORD AND MOUNTAIN, WATER AND ROCK AROUND THIS TOWN

Sola

Once it was the headquarters of Erling Skjalgson (975–1025), a great Viking chieftain.

These days Sola municipality is more readily known for its high per capita income, its modern airport, its rescue centre equipped with helicopters prepared to be airborne within three minutes of any emergency, 24 hours a day. Sola is also the proud owner of a new culture/community centre, built with a minimum of fuss to high standards.

Slightly to the west is the flame tower of the Shell refinery at Risavika, a permanent reminder of Stavanger's status as an oil town.

And then, aside from this practical side of Sola, there is a different one as well: the first of the Jæren beaches begins here, beaches that stretch mile after mile to the south.

The beach at Sola is a narrow strip of hard-packed sand backed by layers of sand dunes, covered here and there with wind-blown grass. On warm summer days all roads leading to Sola beach flow with cyclists and basket-laden mothers with brown children. They make their way to the shelter of the dunes where they will find a protected hollow to dig themselves in against the wind, and proceed to give themselves up to sun and sand. And perhaps even a mind-over-matter dip in the icy North Sea.

Vistehola: The Viste Cave

The Viste Cave may not be too impressive to look at – a rather ordinary indentation in the rock near Viste beach at *Randaberg*. But this cave has been a home and a shelter for man

Sola

En gang i tiden var dette hovedkvarteret til vikinge-høvdingen Erling Skjalgson (975–1025).

I våre dager er Sola mer kjent for innbyggernes høye gjennomsnitts-inntekt, for sin moderne flyplass, redningssentral med helikoptre i beredskap for å kunne ta av innen tre minutter, døgnet rundt. Sola er også den stolte eier av et nytt kultur- og bygdehus som ble reist uten de vanlige diskusjoner til et nivå som lover meget godt.

Litt lenger vest står flammetårnet til Shell-raffineriet i Risavika, en fast påminner om Stavangers status som oljeby.

Men i tillegg til Solas praktiske sider kommer et annet særegent trekk. Her begynner den første av Jærstrendene, som strekker seg kilometervis sørover.

Solastranden er en smal stripe hardpakket sand nedenfor sand-dyner som her og der er dekt med vindblåst gress. På varme sommerdager flyter alle veier til Sola av syklister og kurvbærende mødre med brune barn.

De finner veien til lune groper i sanddynene, der de kan grave seg ned i ly for vinden og gi seg over til sol og sand – ja kanskje tilogmed ta en vilje-over-naturen dypp i den iskalde Nordsjøen.

Vistehola

Vistehola tar seg kanskje ikke så imponerende ut – en ganske vanlig hule i fjellet nær Viste i

Left: Sheltering among the sand dunes on the beaches to the south of Stavanger.

for almost 5000 years, – from 4000 B.C. to 600 A.D.

This is one of the most thoroughly investigated prehistoric caves in Norway; excavations have shown bits and pieces of ceramics, tools, animal remains and human bones back through five millenia. Inside the cave all you can sense is the atmosphere; to see some of the artefacts found inside it you must go to Stavanger's Archaeological Museum.

Prekestolen: The Pulpit Rock

Perched at a dizzying 600 meters above the *Lysefjord*, the Pulpit Rock is aptly named. A great square stone platform, it surveys the world below: a magnificence of blues and greens, and the solid grey rock of Rogaland.

The Tourist Association has a lodge built at the base of the mountain which is as far as you can drive. To deserve the honour of standing on the Pulpit, you must do the climb on foot. Norwegians will tell you it is an easy two-hour stroll. But then, one Norwegian's stroll is another man's panting struggle, so don't feel bad if some rosy cheeked eighty-year old lightly springs past you. Persevere, and the view at the top will be your reward.

Lysefjorden: The Light Fjord

The mountains plummeting into the narrow Lysefjord make it one of the places most true to the picture-postcard image of Norway.

In the summer months when the tour boat 'Clipper' makes its way leisurely along the fjord, (playing Grieg's March of the Trolls to make sure you don't miss the point), you are almost quaranteed bright sunshine and a sparkling fjord. If you look above you, you can see a tiny stone ledge 600 meters up, which is the Pulpit Rock. If you opted out of the climb, this is your chance to claim truthfully that you have seen the Rock.

Norwegian fjord country is usually most easily approachable by water. Not so any longer for the Lysefjord though. A gigantic power development project in the Sirdal mountains has necessitated the building of a

Randaberg. Men denne hulen har vært hjemsted og skjulested for mennesker i nesten 5000 år – fra 4000 år før Kristus til rundt år 600 i vår tid.

Dette er en av de mest omhyggelig undersøkte førhistoriske huler i Norge. Utgravinger har resultert i funn av potteskår, redskap, dyrerester og menneskeben fra et tidsrom på fem tusen år. Inne i hulen kan du bare føle atmosfæren; for å se noen av funnene, må du gå til Stavanger Arkeologiske Museum.

Prekestolen

Prekestolen, som hever seg svimlende 600 meter over Lysefjorden, har fått et meget passende navn. En stor, firkantet plattform gir oversikt over verden nedenfor: en veldig prakt av blå- og grønntoner og Rogalandssteinens solide grått.

Turistforeningen har bygd en hytte ved foten av fjellet. Dit, men ikke lenger, kan du komme med bil. For å fortjene den ære det er å stå på Prekestolen, må du gå opp til fots. Nordmenn sier gjerne at det er en lett totimers tur. Men det de kaller en slengetur, kan være et blodslit for en annen stakkar, så vær ikke lei om en rødkinnet åttiåring sprinter forbi. Bare fortsett. Utsikten fra toppen er belønningen.

Lysefjorden

Den bratte fjellsiden som stuper ned i den smale Lysefjorden gjør dette til ett av de steder som stemmer best med postkort-Norge.

I sommermånedene når fjordbåten Clipper seiler makelig innover fjorden, og spiller Troll-toget for å sikre at du ikke går glipp av stemningen, kan du være nesten sikker på å få klart solskinn og en skinnende fjord. Hvis du ser høyt opp, kan du se en bitteliten hylle i fjellet, 600 meter oppe – det er Prekestolen. Skulle så være at du valgte å ikke ta turen opp dit, er dette din mulighet til å hevde med rette at du har sett Prekestolen.

Norske fjordlandskap er vanligvis enklest å se fra båt. Men dette gjelder ikke lenger for Lysefjorden. Et enormt kraftutbyggingsprosjekt i Sirdalsfjellene har gjort det nødvendig å

Cecilia Catharina Garman, the second wife of Christopher Garman. Cecilia now slinks about the corridors of 'Utstein Closter', dressed in misty white . . .

Christopher Garman – who succumbed to the charms of young Helene.

road from upper Sirdal to Lysebotn at the base of the fjord. The road is an engineering masterpiece with twenty-seven hairpin bends, one of them through a tunnel, and provides scenery hard to exceed for sheer breathtaking drama anywhere in Norway.

Utstein Cloister

A short ferry ride from Stavanger, on *Mosterøy* island in *Ryfylke* fjord, lies a cluster of stately medieval buildings in mellow grey stone, surrounded by majestic trees. The small, deepset windows of the buildings look out at the fjord through the branches of these trees, but without too much interest. For their main concern has always been with life – and death – within their own walls. Peaceful, idyllic nature had no way of competing with royal drinking bouts, the power struggles, the rivalries and the revelries. Nor with the dedication and reli-

bygge vei fra øvre Sirdal til Lysebotn, innerst i fjorden. Veien er ren ingeniørkunst, med 27 hårnålssvinger – en gjennom en tunnel – og viser halsbrekkende dramatisk natur som er vanskelig å overgå, uansett hvor i Norge du er.

Utstein Kloster

En kort fergetur fra Stavanger, på Mosterøy i Ryfylkefjorden, ligger en gruppe staselige middelalderbygninger i eldet grå sten, omgitt av majestetiske trær. De små vinduene langt inne i veggene ser ut over fjorden gjennom grenene til disse trærne, men uten å vise synderlig interesse. For her har interessen alltid vært samlet om liv og død innenfor murene. Den fredelige og idylliske naturen kunne slett ikke hamle opp med maktkampene, med strid og svir, eller med det inderlige religiøse liv som tilsammen dannet den rike livsgobelinen på Utstein Kloster i bortimot 1100 år.

gious observance that made up the rich tapestry of life at Utstein for over 1100 years.

From the year 872 until 1260, Utstein was a royal residence, used by Harald Hårfagre and Magnus Lagabøter among others. In 1260 it was donated to the Church, serving as a monastery until the Reformation in 1537. After this monastic period Utstein, along with the many farms belonging to it, became the manor house of a vast feudal estate.

The monastery is built around a central courtyard with the chapel to the north and three other wings containing kitchen, refectory, dormitory, common rooms, work rooms and library.

Within these walls monks went about their serene, and sometimes not so serene lives. For the most part, they did work on theological research and copied books, between the three-hourly breaks for prayer which started at three in the morning. They were trained for the priesthood, served the poor and the sick of the neighbourhood and worked the cloister gardens growing herbs and vegetables.

One of the many historical places around Stavanger: the best preserved monastery in Norway, 'Utstein Kloster'.

Fra år 872 til 1260 var Utstein kongsgård, brukt av blandt andre Harald Hårfagre og Magnus Lagabøter. Så ble eiendommen gitt til kirken i 1260, og tjente som kloster frem til reformasjonen i 1537. Etter klostertiden ble Utstein sammen med alle gårdene som hørte til godset, hovedsete for et stort føydalt gods.

Klosteret er bygget rundt borggården med kapellet mot nord; de tre andre fløyene huser kjøkken, refektorium, sovekvarter, fellesrom, arbeidsrom og bibliotek.

Innenfor disse murene levde munkene sitt rolige – og til tider mindre rolige – liv. For det meste arbeidet de med teologiske studier, og skrev av bøker mellom bønneperiodene hver tredje time, fra klokken tre om morgenen. De ble lært opp til å bli prester, hjalp de fattige og syke i området, og arbeidet i klosterhaven hvor de dyrket urter og grønnsaker.

Men midt i all denne roen brøt det av og til ut strid. I 1333 ble det utkjempet en blodig

Right: Prekestolen, (Pulpit Rock) is a plateau 600 metres above the Lysefjord.

Within all the serenity, violence erupted once in a while. In 1333 there was a spark-flying feud between Utstein's Abbot Eirik and Stavanger Cathedral's Bishop Eirik, who brought the Abbot to trial for immoral conduct and other misdemeanors. Apparently, the abbot ill-treated his monks, he kept a young girl at the cloister with whom he spent the nights in revelry and taught her to speak in a language only the two of them could understand. In addition, she was also permitted to sing at mass and to read aloud to the monks while they were at their silent meals in the refectory. This busy young woman was of the local nobility and a landowner in her own right. Another of the charges against Abbot Eirik was that her farm was worked by the monastery's peasants.

In the beginning of the 1500's there was another great scandal, this time between Abbot Henrik and Bishop Hoskuld, the last of Stavanger's Catholic bishops. Hoskuld, who is generally described as meek and mild, was accused of storming the cloister with men and weapons and taking the abbot from his bed in the middle of the night to Stavanger, where he was kept for one hundred days, locked in a tiny room in a tower in 'miserable imprisonment'.

There was looting and burning several times over in the turbulent years following the Reformation. The farms, being the prize of the Ryfylke area, were taken out of religious hands and given to influential citizens.

Exploited and allowed to deteriorate by a series of uncaring owners, Utstein eventually came to Christopher Garman in 1749. He restored the buildings, imported beautiful furniture and sold most of the lands to the leaseholders, who then became freeholders. Even so, Utstein remained one of the largest farms in Rogaland.

Christopher Garman's involvement with Utstein proved to be a life and death affair. His first wife died young and he married Cecilia Widding who also died, while giving birth to their third child. On her deathbed, Cecilia

kamp mellom Utsteins Abbed Eirik og Stavangerdomens biskop Eirik, som stilte abbeden for retten for umoralsk fremferd og andre synder. Abbeden skulle ha behandlet munkene dårlig og hatt en ung pike i klosteret; med henne hadde han sviret om nettene og henne hadde han lært et språk som bare de to forsto. Dessuten fikk hun også lov til å synge ved messen og lese høyt for munkene mens de spiste sine måltider i taushet i refektoriet. Denne travle unge kvinnen tilhørte stedets overklasse og eide selv jord, og et annet av anklagepunktene mot Abbed Eirik var at hennes gård ble drevet av klosterets bønder.

I begynnelsen av 1500-tallet var det enda en skandale, denne gang mellom abbed Henrik og biskop Hoskuld, den siste av Stavangers katolske bisper. Hoskuld, som vanligvis blir fremstilt som en føyelig og mild mann, ble anklaget for å ha trengt inn i klosteret med menn og våpen, revet abbeden fra hans nattesøvn og ført ham til Stavanger, hvor han ble holdt i hundre dager, låst inne i et bittelite tårnkammer.

Flere ganger ble det røvet og brent i de urolige årene etter reformasjonen. Siden gårdene var de beste i Ryfylkeområdet, ble de tatt fra kirken og gitt til innflytelsesrike borgere.

Utnyttet og neglisjert langt inn i forfall av likeglade eiere, kom Utstein til slutt i Christopher Garmans eie i 1749. Han restaurerte bygningene, importerte vakre møbler og solgte en god del av jorden til husmennene som da ble selveiende bønder. Selv da var Utstein en av Rogalands største gårder.

Christopher Garmans møte med Utstein ble en historie om både liv og død. Hans første hustru døde ung og han giftet seg med Cecilia Widding som også døde da hun fødte deres tredje barn. På dødsleiet fikk Cecilia sin mann til å love at han aldri skulle gifte seg igjen. Christopher holdt løftet i tyve år, men så ble han overveldet av sjarmen til en ung dame ved navn Helene og giftet seg til slutt med henne i Stavanger Domkirke. Midt under seremonien fikk han plutselig se Cecilias ansikt over alteret. Han besvimte og døde åtte dager

made her husband promise he would never remarry. Christopher kept the promise for twenty years, but then the charms of a young lady called Helene were too much to withstand, and he finally married her in Stavanger Cathedral. As the marriage ceremony was being performed, he suddenly saw Cecilia's face above the altar. He fainted away and was dead within eight days. And as no old house is really complete without a resident ghost, Cecilia obligingly slinks about the corridors of Utstein Cloister, dressed in misty white.

The farm still belongs to descendants of that family, but the cloister itself, which has been completely rebuilt and restored, is managed by the Utstein Foundation and is used mainly for seminars and social functions. In the summer, Sunday evening concerts are held in the chapel.

The buildings have been equipped with modern necessities such as central heating and plumbing; the venerable stone walls are scrubbed and spotless. But for all of that, they have witnessed life, death, violence and folly for almost a thousand years. I wonder if they find the seminars boring? Or perhaps there are still some sparks of the ancient passions coursing in the veins of one or two of today's studious seminar-goers?

In any case, listening to the organ play in the small, beautiful chapel in dim light is enough to induce a fine, historical shiver, and to prove that drafty corridors and cobwebs are not really necessary to convey a medieval atmosphere.

Jæren

The 70 mile strip of land between the ocean and the low range of mountains running along the coast of Rogaland is called Jæren, 'the selvage'.

In a country used to drama in nature, to craggy, forbidding mountains, darkly enclosed valleys and torrential rivers, the endless, wind-scrubbed, stone encrusted flatlands and heath of Jæren is something of an anomaly. Perhaps

senere. Og siden intet gammelt hus er virkelig komplett uten et residerende spøkelse, sies det at Cecilia sniker seg beredvillig rundt i gangene på Utstein Kloster, kledd i sløraktig hvitt.

Gården er ennå i familiens eie, men selve klosteret, som er fullstendig gjenreist og restaurert, står under tilsyn av Utstein-stiftelsen og blir brukt hovedsakelig for seminarer i Stavanger Museums regi. På sommer-søndager er det konserter i kapellet. Bygningene er utstyrt med slike moderne bekvemmeligheter som sentralvarme og innlagt vann, de ærverdige stenmurene er skrubbet og uten en flekk. Men likevel har de nå vært vitne til liv og død, vold og vanvidd i nesten tusen år. Jeg undres om de synes seminarene er kjedelige? Eller kanskje løper det enda en og annen gnist av de gamle lidenskaper i blodet til enkelte av dagens arbeidsomme seminardeltakere?

Ihvertfall er det å lytte til orgelet i det vakre lille kapellets duse lys nok til å fremkalle en fin, historisk spenning, og til å bevise at trekkfulle korridorer og spindelvev ikke er strengt nødvendig for å gjenskape middelalderens atmosfære.

Jæren

Den vel 100 km lange stripen av jord mellom havet og den lave fjellkjeden som går langs Rogalandskysten blir kalt Jæren, «jaren».

I et land hvor naturen oftest er dramatisk — forrevne, avvisende fjell, mørke lukkede daler og ville elver, er Jærens endeløse flate, vindfeide og stenfylte hede noe helt for seg selv. Kanskje er dette grunnen til at området vekker en så intens stolthet og hengivenhet.

Forfatteren Arne Garborg (1851–1924), hvis hytte Knudaheio er fredet der den ligger høyt over hele denne vidden, beskriver området slik i boken «Fred»:

«Yvi det heile spanar himilen seg vid og grå, frå fjellgarden til havs og so vidt ein ser, – det einaste ljose yvi tilvære. Den hev ein for augo kvar ein gjeng. Full av skyir og storm heng han mest alltid. Stundom sig han åt jordi og sveiper lande i regn og skodd som i ein duk. Og det regner og regner til lande fløymer.
Her og der uppetter bakkar og rés kryp låge hus ihop i småkrullar som søkjande livd. I den tette lufti hildrar

this is why the area awakens such an intense feeling of pride and devotion.

The writer and poet, Arne Garborg (1851–1924) whose cottage *Knudaheio* overlooks this vastness, describes his land in his book *Fred* as

'poor and grey, with heather brown lanes and pale walls, rock-strewn, treeless and barren. The wind whistles day and night and the grey skies hang low over the land, full of clouds and storms; rain and mist covering it now and then like a blanket. And it rains and rains till the land overflows. Here and there, at the end of a lane crouches a small cluster of houses as if hanging on to life, half blown away in the wind, shrouded in peat smoke and icy sea mists as though in a dream. Around the houses are a few pale green flecks of fields, like islands in the greyness. Each field surrounded, enclosed by stone walls. Within these houses, people live. They are a strong, solid people who have struggled through like brooding and straining; scratching the soil and searching in the Scripturer; painfully forcing grain out of gravel and hope out of their dreams; believing in cash and trusting in God.'

Garborg's stark, gloomy land of poetry is present in today's Jæren more in spirit than in actual fact. For the practical, industrious *Jærbu* (as the locals are called) has taken advantage of every advance made by science and technology. His land has not changed; it is still a gigantic task to rid it of the rocks and boulders

Grødelandstunet at Nærbø, once a farm house and now a museum on Jæren.

dei seg halvt burt, sveiper seg i torvrøyk og havdis som i ein draum; stengde og stille ligg dei burtetter viddine som tusseheimar. Rundt husi skimtar det fram bleike grøne flekkir av åker og eng som øyar i lyngviddi; kvar bite og kvar lepp er avstengd og innlødd med steingjerde som lange røysir.

Det er eit sterkt, tungt folk, som grev seg gjenom live med gruvling og slit, putlar med jordi og granskar Skrifti, piner korn av aur'en og von av sine draumar, trur på skillingen og trøyster seg til Gud.

I desse heimane bur folke».

Garborgs barske og tunge poesiland er idag å finne mer i ånd enn i virkelighet på Jæren. For de praktiske og arbeidsomme jærbuene har utnyttet alle vitenskapens og teknologiens fremskritt. Landet deres er uendret; det er ennå en forferdelig jobb å bli kvitt sten og fjell i jorden; men nå foregår det ihvertfall ikke lenger med hånd, langsomt og ryggverkende, men med mektige maskiner. Nå nytter de moderne landbruksredskaper, og ved hjelp av sterk gjødsling får de så store avlinger at de utgjør en betydelig del av nasjonens ressurser.

Gårdene er små, gjennomsnittlig bare 80 mål. De fleste blir drevet av eieren og hans

'Knudaheio', once the home of writer and poet Arne Garborg, defies the howling winds of Jæren.

in the soil, but at least it is no longer done one by one with backbreaking slowness by hand, but by powerful mechanical monsters. Once the land is cleared, he uses the most modern of agricultural machinery; with the help of large amounts of fertiliser (which at certain time of the year is so powerful it can bring tears to your eyes), he manages to make his land yield enough to make it a considerable national resource.

The farms are small, on an average no more than 20 acres each. And each is usually worked entirely by the family that owns it, without hired outside help. Thus, their hard work brings them an income well above what the industrial worker receives and twice as much as the average farmer in other parts of Norway makes.

Instead of small clusters of houses clinging to life, we now see large, modern homes and barns on many of the farms. The typical barn, with its earth and stone ramp leading to the top, has three floors. Manure and urine for fertilising are kept in airtight compartments on the lowest level; often, there is storage place

familie, uten leid hjelp. På denne måten kan hardt arbeid gi dem en inntekt som ligger godt over industriarbeiderens, og dobbelt så stor som gjennomsnittet for bønder i andre deler av landet.

Istedenfor de gamle gardstun med husklynger som klorer seg fast til det værharde landskapet, ser vi nå store moderne våningshus og driftsbygninger på de fleste gårdene. Vanligvis har den tre-etasjes låven en bro av jord og stein som fører opp til overetasjen. Møkk og urin blir lagret i lufttette rom underst, og kjørt ut som gjødning. Ofte er det også lagerrom for poteter og grønnsaker i underetasjen. Husdyrene er midt i, i en del som gjerne er ildsikker i nyere bygg, med tak av jernbetong. På dette takct hviler så loftet, hvor det blir lagret høy, strå, og konsentrater. Siloer for grøntfôr er vanlige.

Jæren har den største husdyrtettheten i Europa; for det meste melkekyr, sauer, griser og høns. Det meste av fôret kommer fra gården; faktisk er det bare 1 prosent av jorda som blir

117

A typical Jæren-style house, 'Træet' at 'Line'.

Left: — once the land is cleared, the farmer uses the most modern of agricultural machinery and manages to make his land yield enough to make it a considerable national resource

for potatoes and vegetables here also. The livestock is kept in the centre, which in new buildings is usually fireproof with a reinforced concrete roof. The roof forms the floor of the upper part of the barn, which provides storage space for hay, straw and concentrates. Besides, silos for grass are common.

The livestock population of the area is the densest of any European farming district, with dairy cattle, sheep, pigs and poultry predominating. Most of the feed for the animals is grown on the Jæren farms; in fact, only 1% of the total land area is cultivated for human consumption with wheat, rye, potatoes, carrots, beets, turnips and cabbage. All the rest produces crops for animal feed. Only a small fraction of the produce of Jæren is actually consumed in the county itself, the major portion is sold through various cooperative organisations all over Norway.

The greenhouses which dot the landscape are mostly small enterprises combined with the general farming that produce tomatoes, cucumbers and flowers. Taken as a whole, they are considerable: greenhouses cover over 150 acres of Rogaland. In addition to this, inappropriately shabby looking mink farms can be seen here and there. Their inhabitants eventually end up as part of the famous Scandinavian Saga mink on well dressed backs around the world.

utnyttet direkte til menneskeføde; hvete, rug, poteter, gulerøtter, rødbeter, kålrabi og kål.

Alt det andre gir dyrefôr. Bare en liten del av Jærens produkter blir brukt i Rogaland — mesteparten blir solgt via forskjellige kooperativer rundt om i landet.

Veksthusene som er spredd utover landskapet, drives for det meste kombinert med vanlig jordbruk, og det produseres tomater, agurker og blomster. I tillegg ser man lange, lave minkgårder her og der. Disse anleggene virker såpass grå og nedslitt at det er merkelig å tenke på at innbyggerne med tiden blir til de berømte skandinaviske Saga-mink, på velkledde figurer jorden rundt.

Gårdene er sterkt mekanisert: det er omtrent én traktor for hver 100 mål dyrket jord. Og dette bringer oss så til en annen vesentlig side ved de tiltakslystne jærbuene. Gjennom behovet for landbruksmaskiner er det vokst frem en stor industri, som fremstiller kvalitetsmaskiner for landbruk og verktøy. Halvparten av produksjonen blir eksportert.

Det er fem store produsenter av landbruksmaskiner på Jæren. Flere fabrikker lager fer-

The farms are highly mechanised, there is approximately one tractor for every 25 acres of fully cultivated land. And this brings us to the other very important achievement of the enterprising Jærbu: from the need for agricultural equipment, a world of industry has sprung up manufacturing high quality farming machinery and tools, of which half is exported.

In the Jæren district there are five major manufacturers of agricultural machinery. Several firms turn out pre-fabricated houses, not just for Norwegian markets but for export also. The world renowned Figgjo pottery is on most tourists' list of 'musts', and at Klepp the well-known Polaris factory turns out stainless steel and copper cooking utensils.

Also at Sandnes is the huge concern of Jonas Øglænd covering a number of different branches, the best known of which is probably the DBS bicycles which have been exported over much of the world.

After the Moss Rosenberg shipyard, Rogaland's biggest industries are spread across Jæren: the Kverneland factory which manufactures farm machinery and Block Wathne's prefabricated housing plant.

Perhaps Jæren is not able to arouse the same palpitating patriotism in a foreigner's bosom as it does in a Norwegian one, but to see the endless flat farms on an early spring day, in sunlight that outlines each stone of every wall making the world look freshly scrubed and brand new; a tractor slowly turning the rich dark soil followed by a cloud of screeching gulls – all this framed within a blue-grey watery clarity that is sky and sea and land – well, it can say something to foreign bosoms as well.

Tananger

A part of Jæren, outskirts of Stavanger, old fishing village and new host to supply boats, drilling rigs and pipe yards – Tananger is all of these, yet its true spirit has nothing to do with any of them.

In reality, Tananger is a reflection of the

dighus, ikke bare for norske markeder men også for eksport. Det er ull- og tekstilfabrikker i Sandnes og på Ålgård. Figgjo-fabrikken, verdenskjent for sine serviser, står på de fleste turisters «absolutt-lister», og på Klepp lager den velkjente Polaris-fabrikken kokekar av kopper og stål. På Sandnes finner vi også det store firmaet Jonas Øglænd som driver allsidig produksjon og salg med forgreninger over hele landet, ja de kjente DBS-syklene er blitt eksportert til store deler av verden.

Moss Rosenberg er Rogalands største arbeidsplass. De andre store ligger spredd utover Jæren: Kverneland-fabrikkene, som lager jordbruksmaskiner, og Block Wathnes ferdighusfabrikk.

Jæren vil kanskje ikke vekke fullt så glødende begeistring hos en utlending som hos en nordmann, men å se de endeløse, flate gårdene en tidlig vårdag i solskinn – en traktor som langsomt vender den rike, mørke jorden fulgt av en sky av skrikende måker – alt dette rammet inn av en blågrå klarhet som er himmel og sjø og land – jo, det kan også tale til en utlendings følelser.

Tananger

En del av Jæren, en uthavn for Stavanger, et gammelt fiskerleie og en ny vert for forsyningsbåter, borerigger og rørlager – Tananger er alt dette, og likevel har det en egen ånd som er uavhengig av disse faktorene. I virkeligheten er Tananger en rømming fra sommerparadiset på Sørlandet.

Den lille bukten ved Nordsjøen er havn for både robuste og hederlige fiskebåter og frivole, lekne lystfartøyer. Reke- og krabbebåter legger til ved bryggen, og om sommeren kan du kjøpe fangsten rett fra dekk slik at det dufter mer ekte av krabbe og reker enn noe annet sted. Det å kjøpe krabber er en egen, mystisk rite, forresten; kjennere prøver vekten, rister og lytter. Om de så til tider, i likhet med oss andre, feirer sin krabbefest med bare «vasstasser» – ja det er det ingen som vet.

Spredd i det jevnt bølgende landet rundt

Tananger harbour.

summer paradise of the Norwegian South Coast.

The small, sheltered bay just this side of the North Sea gives anchorage to solid, no nonsense fishing boats and skittish, pleasure-loving sail boats alike. Shrimp and crab boats tie up at the wooden dock and in summer you can buy their catch straight off their decks, smelling crabbier and shrimpier than any other. Crab buying has its profound mystique by the way; the initiated knowingly feel their weight, shake them and listen to them. If they, like the rest of us, sometimes end up with their promising feasts full of nothing but sea-water, no one knows for sure.

Scattered around the gently sloping land embracing the bay are the slightly dilapidated

bukten er de litt nedslitte fiskerhusene, sommerhyttene og et par store og imponerende boliger som har sett bedre dager. (Det er også et par moderne hus, men dem prøver vi å overse i likhet med eventuelle inntrengere fra forsyningsbasen i nærheten.)

De hvitmalte trehusene, delvis skjult av klatreroser inne i havene med hvite stakitter rundt, de medtatte bryggene og naustene, måkene i mastetoppene og på sjøskurte klipper, er alt sammen en slags forsmak på Sørlandet. Der er ikke slikt begrenset til en eneste havn, men strekker seg over hundrevis av kilometer med utallige bukter og øyer.

Ta en tur ut på moloen, eller enda bedre;

Constructions for the oil industry are on a scale far beyond what the town has been used to.

fishermen's homes, summer cottages and a couple of large, impressive residences which have seen better days. (There are modern houses too, but we will try to ignore them, along with whatever intrudes from the neighboring oil base.)

All the white painted wooden houses partly concealed by climbing roses in picket fence enclosed gardens, the rickety jetties and boathouses meeting lapping water, the sea gulls perched on top of masts and on water-rounded rocks are all a sort of foretaste to the south coast of Norway. There, this sort of thing is not restricted to one village but

klatre oppover bakken hvor du oppdager en helt annen verden: denne gangen er det ingen lun bukt, men en enorm, utemmet flate av åpent hav og sjø som går sammen i horisonten. Foran deg strekker en kjede massive klipper seg fristende ut mot horisonten, og ber om å bli utforsket, eller fisket fra, eller simpelthen sittet og filosofert fra.

Avstanden fra varm og lun sjarme til naturens utemmede krefter er kort – kanskje er dette en gyldig oppsummering av hele Norge.

stretches on for hundreds of kilometers, with countless bays and islands.

In Tananger, walk out on the stone breakwater, or better still, climb over the hill and find yourself coming out of a small wood into another world: this time no gentle bay but an untamed expanse of sea and sky blending at the horizon. At your feet is a coast of massive rocks stretching invitingly off into the distance, just asking to be explored, or fished from, or simply sat on and contemplated from.

From sheltered charm, it is but a moment to the untamed forces of nature – perhaps as good a way as any summing up the country of Norway.

The Ryfylke Fjord

The extensive Ryfylke area, the westernmost section of Rogaland, contains islands, fjords, rocky mountains and productive valleys.

Aside from agriculture, fishing and coastal shipping were the area's main supports up to about a hundred years ago. Fish began to dwindle on their own account and coastal shipping has also declined, depriving the area of a communications system good enough to make it economically attractive. Fruit farming has taken over to a great degree; the valleys are full of apple, pear, cherry and plum orchards; tomatoes are also grown extensively in greenhouses.

There is little industry in the area aside from Sauda's manganese works. However, the development of the huge *Ulla-Førre* and *Suldal* watershed into what is Northern Europe's most powerful hydroelectric plant promises a bright future.

So much for the hard facts, now let us concentrate on the multitude of pleasures offered by the Ryfylke.

To start with, its second largest town, *Sauda*, situated at the end of a long, narrow fjord and reachable by ferry or hydrofoil from Stavanger, is a popular ski resort with a comfortable hotel by the fjord and good ski slopes some 15 minutes drive up the mountainside, with

Ryfylkefjordene

Ryfylke omfatter en hel verden av øyer, fjorder, ville fjell og fruktbare daler. Dette er den vestligste delen av Rogaland.

Bortsett fra landbruk var fiske og kystfart hovednæringene her til for omtrent hundre år siden. Fisken begynte å bli borte av seg selv og kystfarten er også gått tilbake, slik at området mistet et kommunikasjonsnett som gjorde det økonomisk interessant. Fruktdyrking har tatt over, i stor grad: dalene er fulle av eple-, pære-, kirsebær- og plommefelt, og det blir dyrket en god del tomater i drivhus.

Det er lite industri i området, utenom Saudas mangan-anlegg. Men utbyggingen av det svære Ulla-Førre og Suldal-vassdragene til Nord-Europas største vasskraftanlegg lover godt for fremtiden.

Det var de tørre opplysningene. La oss nå se litt på de utallige gleder vi kan finne i Ryfylke.

Områdets nest største tettsted, Sauda, ligger ved enden av en lang og smal fjord. Man kan komme dit med rutebåt eller westamaran fra Stavanger, og det er et populært skiområde med et komfortabelt hotell ved fjorden og fint skiterreng bare 15 minutters biltur opp, med mer snø enn de fleste steder så nær Stavanger.

Men Ryfylke viser seg fra sin aller beste side om sommeren. For å oppleve det i fullt monn trenger du en båt, – allerhelst en langsom og pålitelig motorsnekke. Opprinnelig var snekken en enkel bruksbåt, avrundet i begge ender for å tåle forholdene i norske fjorder; nå finnes den også i mange varianter som familie-fritidsbåt. Sammen med de ærverdige fiskebåtene av tre er det snekkene som sørger for den dype, rytmiske dunkingen av totaktsmotorer – og det må da være en lyd som intet etter morens hjerteslag for fosteret kan måle seg med når det gjelder trygghet og fred?

Men enhver båt gjør nytten. Båten er ditt hjem, ditt transportmiddel og din tryllestav. Du har en omtrent ubegrenset fjordverden foran deg som du kan utforske i fred, putt-putt-puttende langsomt gjennom fjorder som ser bredere og farligere ut enn du skulle trodd fra kartet, forbi små bygder hvis nervesentrum

more snow than most other skiing areas at a comparable distance from Stavanger.

But the Ryfylke comes truly into its own in the summertime. To savour it fully you need a boat, preferably a slow moving, dependable *snekke*, originally a very utilitarian boat designed with rounded bow and stern especially for weathering the Norwegian fjords and now also available in all sorts of fun-for-the-family models. Snekker, along with the venerable wooden fishing boats, are responsible for that deep, rythmic thudding of a two stroke engine, a sound surely unequaled for comfort and peace since prenatal heartbeat time.

But any boat will do. And your boat is your home, your transportation and your magic wand, you have a virtually limitless watery world ahead of you that you can explore at leisure, putt-putting slowly through fjords looking wider and more perilous than the map would suggest, past little communities whose nerve centre is the dockside shop which is the combination of ferry landing, post office and

The islands of the Ryfylke are gradually being joined by bridges, for the speed, ease and comfort of the motorist, and the displeasure of the nature lover.

er kombinasjonen ferjeleie, postkontor og butikk, hvor folk henter post og aviser, handler kolonialvarer og følger spent med i dagens store begivenhet – rutebåtens ankomst.

Kanskje vil du finne på å dra gjennom smale fjorder med bratte sider som er så frodige og grønne at fuktigheten drypper fra bregnene ned i vannet, og til din glede finne en bitteliten sandstrand innerst inne, hvor det ikke fins et annet menneske og du ikke hører andre lyder enn et tilfeldig plask fra fiskende hegrer. Når båten er fortøyd og et deilig varmt måltid har gitt nye krefter, kan du dra på oppdagelsestur og finne daler og elver, fosser og vann. Eller du vil kanskje møte en vennlig hest på et jorde til å godsnakke med, eller finne bringebærbusker med ferdig dessert, eller sopp for den som har greie på det.

Det er hundrevis av bittesmå øyer som er ideelle for stangfiske – enten du har tenkt å få

general store where people pick up their mail and their papers, do their grocery shopping and watch eagerly for the highlight of the day: the ferry churning in.

Your whims may take you through narrow fjords with steeply plunging sides so lush and green that moisture drips from fern tips into the water, to find to your delight a tiny sand beach at the end with not another soul to be seen and no sound but the occasional splash a heron makes as it ducks for fish. After you tie up and have had a restoring hot meal, you could go exploring and find valleys and rivers, waterfalls and lakes. Or, you could meet a friendly horse in a pasture to have a chat with, or raspberry bushes offering instant dessert, or mushrooms for the knowledgeable.

There are hundreds of tiny islands perfect for sitting on with fishing rod (whether you intend to catch a fish or not), there are sheer rocks plunging into swift-moving currents with clusters of mussels clinging to their sides, just waiting for you to pick them. All you need

The whole world of the fjords is your own, to go where you will.

noe eller ei. Det er klipper som stuper ned i raske strømmer hvor massevis av blåskjell er å finne. Alt du behøver å gjøre, er å dampe dem til de åpner seg, og hvis du kan få tak i det som trengs til en salat og et brød, og til og med fremskaffe en flaske fjordkjølt vin, har du et måltid du sent vil glemme.

Faktisk er ethvert måltid du spiser, uforglemmelig. Følelsen av fullstendig fred og avslapning, og av å være ett med naturen, gir både måltider og alt annet et magisk tilsnitt.

På utrolig kort tid – det er nok med to-tre dager – oppdager du at vanlige bekymringer og vaner er deg fullstendig fremmede. Du har etablert et helt nytt mønster, en ny rutine hvor småting blir viktige og dagliglivet ikke bare synes fjernt, men helt uvirkelig. Det er spenningen ved å avgjøre hvilken kurs man skal styre – velge ny ankerplass – eller den veldige beslutning å slett ikke dra noe sted, men

to do is to steam them open and if you can find the ingredients for a salad and a loaf of bread and manage a fjord-cooled bottle of wine, you have yourself a meal to be remembered.

Actually, whatever you eat is a meal to be remembered. The total peace and the feeling of being at one with nature imparts a magical quality even to canned beans or packaged soup.

In a remarkably short time, even just two or three days, you find you have completely cut yourself off from regular cares and habits, to have established a whole new pattern, a new routine where tiny things gain importance and the everyday world seems not just remote but non-existent. There is the daily excitement of choosing which inviting waterway to follow, of deciding on the place to spend the night, or the grand decision not to move at all that day but savour the perfection of that special little cove and just swim and sun, or fish and laze, or eat drink and sleep – whatever.

The day's preoccupations can dwindle to collecting firewood for a blaze on shore, to hold sticks with bacon or sausages stuck on their ends, to be eaten dripping and fragrant with bread. The air is cool by then but the rocks still conserve the sun's warmth, the still water reflects stars shining in a barely darkening sky with trees and rocks outlined against pinks and oranges, and if somebody had a guitar or a mouth organ, well – what more can one ask of life?

You will see other boats with other people. In fact, around four in the afternoon there is a race on for the best tying-up spots, remembered from last year's outing. You will see boats pulling in to a particular cleft in a rock with apparent ownership, spilling innumerable small children who immediately scatter with crab pots, fishing rods, buckets for fresh water, or simply rowing the dinghy furiously for destinations unknown. Your initial misgivings of bothersome noise and intrusion soon disappear – everyone seems too content to be offensive. Fathers spend earnest hours initiat-

nyte fullkommenheten i akkurat den lille særegne bukten. Bare svømme og sole seg, eller fiske og dovne seg, eller sove, drikke, sove – eller hva det nå kan være.

Dagens innhold kan svinne til det å samle ved til et bål for å riste bacon eller pølser på spidd. Spise det, dryppende og duftende, med brød. Da er luften blitt kjølig, men stenene holder ennå på solvarmen, vannflaten speiler stjerner på himmelen som knapt mørkner og tegner trær og klipper mot lyserødt og oransje. Hvis noen attpå til skulle ha en gitar eller et munnspill – hva mer kunne man ønske seg?

Du får se andre båter med andre folk. Utpå ettermiddagen er det konkurranse om de beste stedene å legge til, kanskje oppdaget på fjorårets tur. Du får se båter legge til ved en spesiell kløft i berget med selvfølgelig eiermine, helle ut et utall av småbarn som øyeblikkelig sprer seg utover med krabbeteiner, fiskestenger, bøtter for ferskvann – eller simpelthen ror avsted som rasende i jollen, mot ukjent bestemmelsessted. Dine første motforestillinger i retning av bråk og påtrengenhet forsvinner raskt – det virker som alle er for fornøyd til å være pågående. Fedre bruker mange timers konsentrasjon på å innvie sønner i mysteriene rundt skikkelig behandling av fisk, og mødre – nåja, mødre ser ut til å bruke like mye tid på å re køyer og lage mat og riste tepper og vaske i kaldt sjøvann. Men når de har gitt hvert barn tørre sokker for tredje gang den dagen, og har stelt hvert sår og jublet for hver fangst – ja da kan mødrene også kose seg.

Ofte drar båter i flokk, noen familier med barn, noen med unge par sammen. Hvis du fortøyer nær en annen båt, vil du sannsynligvis bli møtt med sjenerte halv-smil, hjelpsomme hender med tauverk og det altoverskyggende spørsmålet: – Har du fått noe fisk? Men nordmennene sies jo å være reserverte og det kan godt være at utvekslinger ikke vil gå ut over dette – hvis du da ikke tar initiativet selv. På den annen side, etter å ha tilbrakt hele dagen og natten noen få fot borte fra en båt hvis mannskap hele tiden omhyggelig har unngått å se deg rett i øynene, kan det godt

ing sons into the mysteries of landing a fish the right and proper way, and mothers, well – mothers seem to spend equally long hours making beds and meals and shaking rugs and doing washing in cold sea water. But after they have supplied each child with dry socks for the third time that day, and have ministered to every bruise and applauded each catch, well, mothers are free to enjoy themselves also.

Often, boats will travel in groups, some families with children, some with young couples together. If you tie up near another boat, chances are you will be met with shy semi-smiles, helpful hands with ropes and the all important question: any fish? But perhaps the Norwegian reserve does exist and social exhange may not go beyond this unless you take the initiative. On the other hand, after having spent the whole day and night but a few feet away from a boat whose occupants have all that time been carefully avoiding meeting your gaze head-on, when their boat finally pulls away from your common mooring place and heads off into the safety that mobility and distance lend, they may suddenly burst into great friendly grins and wave their arms at you in fond farewell.

Some evenings, you could be lucky enough to find a place all to yourself. On the other hand, you could also be lucky enough to find a few boats tied up nearby, with people congenial and pleasant, or downright lifelong friendish.

But the main point is that whatever you do or don't, whoever you meet or don't, whether it rains or shines – after some days spent among the fjords and islands of the Ryfylke you will return to 'real life' reborn.

være at de, når båten deres endelig drar avsted fra felles havn og seiler mot den sikkerhet som bevegelse og avstand gir, plutselig setter opp store, vennlige smil og vinker til deg, i et hjertelig farvel.

Noen kvelder kan du være så heldig å finne et sted helt for deg selv. På den annen side, du kan også være så heldig å finne et par andre båter fortøyd i nærheten, med folk som er både hyggelige og vennlige, eller til og med innstilt på livsvarig vennskap.

Men hovedsaken er at uansett hva du gjør eller ikke gjør, hvem du møter og ikke møter, enten det er regn eller sol, – etter noen dager tilbrakt på fjordene og øyene i Ryfylke vil du vende tilbake til «det virkelige liv» som et nytt menneske.

Some shameless generalizations on the way of a Siddis

A town for all seasons

I have heard it said on good authority that there are two things responsible for the health and happiness of a Siddis: one being the pursuance of the Outdoor Life, the other a daily ration of goat's cheese.

On first encounter, neither is irresistible.

The cheese, *geitost* as it is called, is caramel coloured, thick, compact and disconcerting because: a) it doesn't taste like cheese is expected to, and b) because it tends to stick to the roof of your mouth. Many is the foreigner who after having bitten off a large, polite chunk of this proudly offered national product is then left to silent and desperate manouverings inside his mouth till he can get the stuff dislodged. Still, both obstacles can be overcome and you can yet learn to love geitost. First, simply don't think of it as cheese. Second, eat it sliced very thinly (with a Norwegian cheese scraper, of course) on *knekkebrød* (a rectangular wholemeal cracker-type of bread), which being crisp, counteracts the stickiness. Once you are an accomplished geitost-on-knekkebrød eater, you can progress to sweetmeal biscuits, or even warm *julebrød* under it (which is a fruity, spicy white Christmas bread, very sensibly baked year around).

Every Norwegian, regardless of age or sex, consumes his share of this fountain of health. Businessmen who take great stacks of goat's cheese on wholemeal bread to work (open sandwiches, the sticking problem overcome with a bread-sized square of wax paper between layers), are sure to gain instant superiority over those foreigners who indulge in

Endel skamløse generaliseringer om siddisens særtrekk

Jeg har hørt fra en god kilde at siddisens helse og lykke avhenger av to ting: den ene er friluftsliv, den annen en daglig rasjon av *geitost*.

Ved første møte er ingen av dem uimotståelige.

Geitosten er karamellfarget, kompakt og urovekkende fordi: a) den smaker ikke slik man venter ost skal og b) den har en tendens til å sette seg fast i ganen. Mangen en utlending har hatt store problemer: etter å ha bitt av en stor og høflig bit av dette nasjonalproduktet som blir budt frem med stolthet, gjelder det å manøvrere diskret og desperat inne i munnen til stoffet løsner igjen. Men begge problemene lar seg overvinne og det går godt an å bli riktig glad i geitost. For det første, bare ikke tenk på den som ost. For det annet, spis den i tynne skiver skåret med ostehøvel, på knekkebrød hvis sprøhet motvirker tendensen til å sette seg fast. Når du så er blitt en erfaren geitost-på-knekkebrød-spiser, kan du bevege deg videre oppover til havrekjeks eller til og med varmt julebrød under osten – fornuftig nok blir dette deilige bakverket laget året rundt.

Enhver nordmann, uansett alder og kjønn, forbruker sin andel av denne sunnhetskilde. Forretningsfolk som har store geitostskiver på kneipbrød til jobben (med matpapir imellom fordi skivene ligger åpne) må nødvendigvis få et langt bedre utgangspunkt enn de der utlen-

– there is something mystical about a Norwegian's relationship with nature . . .

such practices as the long and heavy, well-lubricated business lunch. Ask any geitost-eating Norwegian businessman.

As for the Outdoor Life, it is somewhat harder to define. You could say it has to do with available leisure time, with health and energy, with free, open spaces and fresh clear water. Undoubtedly you would be right. But above and beyond all that, there is something mystical about a Norwegian's relationship with nature, a reverent bond. Perhaps the feeling is not always conscious, but it is always there; born centuries ago when his very survival depended on being on the right terms with nature, the relationship is still sustaining him spiritually. Today's Norwegian derives from communion with lakes and mountains, with virgin snow or rushing stream, a peace of mind, a feeling of oneness with the universe that cannot be described as anything but religious.

The Norwegian takes his *friluftsliv*, his outdoor life, seriously and jealously guards both his open spaces and his opportunities for enjoying them; he knows that he possesses something that many in the 20th century have already lost: the counterweight to the demands of urban life.

Perhaps some of the difference shows up in that while someone of another nationality will play a round of golf or go boating if there is nothing else he *has* to do, a Norwegian knows that there is some fishing he must do before he can tackle cleaning the garage. It is a matter of priorities; one of the many aspects of what is rather obscurely referred to as 'quality of life'.

The countryside of Rogaland lacks the gentle *gemütlichkeit* of the Austrian or Swiss mountains; there are no inns hidden amongst the trees, nor mountaintop lookouts with deckchairs. Nature is served raw, you take your food and comforts with you. Given time though, it is that very harsh, uncompromising character of the land which begins to speak to you and transmit feelings of permanence. In

dingene som dyrker slike overdrevne vaner som lange og tunge og fuktige forretningslunsjer. Bare spør enhver geitost-spisende norsk forretningsmann.

Når det gjelder friluftsliv, er det noe som er litt vanskeligere å definere. Man kunne si at det har med fritid å gjøre, med helse og kraft, med store åpne områder og friskt, klart vann, og utvilsomt ville det være riktig. Men i tillegg til alt dette er det noe mystisk over nordmennenes forhold til naturen, et ærbødig bånd. Kanskje er ikke denne følelsen alltid bevisst, men den er der; oppstått for århundrer siden da det å overleve avhang av å være i pakt med naturen. Og dette forholdet er stadig vekk en åndelig støtte. Moderne nordmenn finner en følelse av fred blant vann og fjell, med urørt sne eller fossende elver; en følelse av enhet med universet som ikke kan beskrives som annet enn religiøs.

Nordmannen tar sitt friluftsliv alvorlig. Han verner innbitt om friområdene og sin rett til å bruke dem; han vet han har noe som mange har mistet i det 20. århundre: motvekten mot bylivets mas.

Kan hende kan vi se noe av forskjellen i det at folk fra andre nasjoner kanskje vil spille en runde golf eller dra ut i båt hvis de ikke har noe annet å ta seg til, mens nordmannen vet at han må ta seg en fisketur før han kan få gjort rent i garasjen. Det er et spørsmål om prioritering, én av de mange ting som litt vagt blir kalt «livskvalitet».

Landskapet i Rogaland har ikke den vennlige blidhet som fjellene i Østerrike eller Sveits utstråler; det ligger ingen kroer skjult mellom trærne eller utsikts-plattformer med fluktstoler på fjelltoppene. Naturen blir servert rå, du tar med deg mat og komfort. Men etter hvert er det akkurat landets barske karakter, uten kompromiss, som begynner å nå deg og formidle en følelse av varighet. Faktisk lar det seg gjøre å bli helt usaklig på dette området.

Stavanger Turistforening
Stavanger Turistforening er en slags hønemororganisasjon for alle som er interessert i fri-

fact, it is possible to grow quite wildly prejudiced about it.

A lake at 'Bjerkreim'.

Stavanger Turistforening

The Stavanger Touring Association is a mother-hen type organization for all those who are interested in outdoor activities. For a minimal yearly fee, it provides maps, charts, routes and organizes all-day outings on Sundays throughout the spring and autumn.

The association owns 24 lodges between *Haukeliveien* and *Sirdal*, distributed at convenient intervals along a network of marked paths for hiking and skiing. There is no booking for an overnight stay at the lodges; according to accepted custom no one is ever turned away. This has led on many an occasion to people bedding down under dining room tables and in corridors during crowded seasons, but at least there is the assurance a roof overhead.

luftsliv. For en beskjeden årlig kontingent yter foreningen utstrakt service til medlemmer og andre interesserte. På søndager organiseres fellesturer høst og vår.

Foreningen eier 24 hytter mellom Haukeliveien og Sirdal, plassert med passende mellomrom ved et nett av merkede ruter for fotturister og skiløpere. Ingen bestiller plass på hyttene; ifølge etablert skikk blir aldri noen avvist. Det har ført til at folk har sovet under spisebord og i ganger i travle perioder. Men ihvertfall kan man alltid være sikker på å få tak over hodet.

Med unntak av noen få større hytter er de ubetjent, men forsynt med hermetisk mat. Gjestene forutsettes å forlate stedet rent og i orden, og legge igjen penger for det de har brukt. Og utrolig nok virker systemet; respek-

Except for the few major lodges, they are unattended, but stocked with canned food. Visitors are expected to leave cleanliness and order behind them, plus the cost of what food they have consumed. Remarkably enough, the system works; respect for public property and the rights and comfort of others is alive and well, living in Norway.

The Touring Association organizes, together with Stavanger Aftenblad (a major daily newspaper), a yearly ski school which takes ever increasing busloads up into the mountains for lessons that start with which end of the ski goes forward, all the way to expert slalom technique.

The seasons

Life in Stavanger, both indoors and out, is intricately bound to the seasons. This is a limita-

When the ice is finally firm enough to skate on Mosvatnet, and the snow in the hills deep enough for the ski lifts.

ten for offentlig eiendom og andres rettigheter og komfort er svært god blant fjellvandrere i Norge.

Turistforeningen organiserer sammen med Stavanger Aftenblad en årlig skiskole. Stadig flere bussladninger bringes til fjells for undervisning som spenner helt fra demonstrasjon av hvilken ende av skien som vender forover til avansert slalåmteknikk.

Årstidene

Livet i Stavanger, både inne og ute, er nøye forbundet med, og preget av, årstidene. Det betyr en begrensning, men det setter også livet inn i en trygg og kjent ramme hvor alt har sin tid og sitt sted, hvor det er helt i sin orden å

The Ryfylke region offers good skiing opportunities from Christmas to Midsummer's Day. Here from Breiborg near Sauda.

tion, but it also places life within a safe and predictable boundary where everything has its time and place, where it is perfectly permissible to put away a large cardboard box in August because it will burn so well next June on midsummer night. Plans are long-term, actions are well contemplated beforehand, and if some spontaneity is lost in the process, a sense of permanence and reliability is gained through it.

Obviously there are such things as football seasons and deer hunting seasons, mulled wine times and ice cream times, but there are also less obvious seasons that change through unspoken rules such as the marbles season when every child you see will be playing *mablis* (were they introduced by an English-speaking salesman?) and the jumping-elastics season when you will see bunches of girls

gjemme en diger pappeske i august fordi den vil brenne så flott neste Sankthans. Planer blir lagt langt fremover, gjøremål blir nøye overveiet på forhånd, og om en viss impulsivitet går tapt i prosessen, gir det til gjengjeld en følelse av stabilitet og pålitelighet.

Det er klart det fins slike ting som fotballsesong og jakttid, gløggtid og iskremtid. Men det fins også mindre opplagte tider som skifter med uskrevne regler: F.eks. klinkekuletid når hvert barn du ser leker med mablis (kom de første hit med en engelsktalende selger?) og hoppestrikktiden hvor du vil se jenteflokker knyttet sammen med en lang sløyfe av strikk, i ferd med å utføre innviklede, lettbente ma-

133

joined by a long elastic loop, doing intricate, light footed things that would do a Scottish highland dancer proud.

Then, there are fiendish house-cleaning times, and sunny weeks and months when housework does not exist and layers of dust are refused recognition; there are times to go skiing and times not to, and don't you believe it has anything to do with the amount or condition of snow or weather, either. But let us take the seasons in an orderly, systematic fashion:

Springtime
After the long months of cold and grey, the darkness and the layers of woollens, the weather finally turns; temperatures climb, crocuses bring colour to the world and birds wake at dawn each day with a rousing, exuberant chorus. What does the average Siddis do? He dons another couple of layers of clothing and rushes up into the mountains to catch the last of the retreating Winter.

From about the beginning of March it is considered ideal skiing time. There may have been lovely sunny-snowy days in December too, but December is not the time for skiing. Consequently, any foreigner so lacking in the sense of occasion as to try his luck at this time will have very little competition. Rogalanders ski in spring, and spring skiing means a bright, warm sunshine that can have you stripping off your layers of sweaters in no time. It also means chocolate and oranges – musts for ski trips – and ski waxes of a dozen hues, applied with conviction somewhat according to snow conditions, but mostly to personal prejudice.

Every weekend from early spring sees a stream of ski-topped cars heading out of town, growing gradually until the great climax of the skiing season at Easter when all of Norway shuts down for about a week. People then take to the mountains, while the few that remain in town consume their stockpiled bread and milk in ghost towns and go walking down the centre of an undisturbed highway. Once Easter is over, the weather may continue ex-

nøvrer som ville være en danser fra de skotske høyland verdig.

Og så er det de voldsomme rengjøringstider, og solfylte uker og måneder da husarbeide slett ikke fins og man nekter å erkjenne lag av støv; det er tider for å gå på ski og tider for å ikke gjøre det, og du må bare ikke tro at det har noe med vær og føre å gjøre heller. Men la oss ta for oss de forskjellige tidene på ordentlig og systematisk vis:

Våren
Etter de lange månedene med kulde og gråvær, mørke og lagvis av ulltøy, snur været endelig, temperaturene stiger. Krokus og sneklokker dukker opp av den frosne jorden og fuglene vekker oss hver morgen med sitt jublende kor. Hva gjør så den vanlige siddis? Han kler seg godt – og skynder seg opp i fjellet for å få med seg den siste rest av vinter og snø.

Fra begynnelsen av mars er beste tiden for skisport i fjellet. Det kan ha vært skjønne sol- og-sne-dager i desember også, men desember er ikke tiden til å gå på ski. Derfor vil enhver utlending som prøver seg på den tiden, få svært liten konkurranse. Rogalendinger går på ski om våren, og skiturer om våren vil si klart og varmt solskinn som kan få deg til å hive genserlagene i en fei. Det vil også si sjokolade og appelsiner som begge er obligatoriske for skiturer, og skismøring i et dusin farver, lagt på med en overbevisning som nok har en viss sammenheng med føret, men for det meste med personlig oppfatning.

Hver helg fra tidlig på våren drar en strøm av biler med ski på taket ut av byen, stadig fler helt frem til skisesongens høydepunkt, påsken, da hele Norge stenger i omtrent en uke. Folk drar til fjells, mens de få som er igjen i byen, lever på brød- og melkelager under øde forhold og spaserer langs uforstyrrende veier. Når påsken så er over, kan det godt være at været fortsetter med ideelle skiforhold i ukevis, men

Left: Leave your car behind and just a few minutes later you can find yourself in a brilliant world of white and blue practically to yourself.

135

*– You could go exploring,
and find valleys and rivers,
waterfalls and lakes –*

*'Hvitveis' – white anemones
– appear in the early spring,
just when it seemed that
winter would never end.
Never lose faith in the hvit-
veis!*

An early spring ski vacation can also mean a warm corner of the terrace.

actly the same for several weeks to come, with excellent skiing conditions but very rare is the person who will go skiing after that. It is time to do other things such as spread a multitude of concoctions on the grass which will make it grow faster and better – which the gardeners in question will be cursing when, come summer, they will be mowing it twice a week.

But back to Easter skiing. One of the most coveted possessions is a cottage in ski terrain (in addition to one by the sea), and when a Norwegian describes something with a totally enraptured look in his eyes, chances are it is not someone of the opposite sex, but a cottage. He will tell you about its silence, its isolation,

det er langt mellom dem som drar på ski da. Det er tid for andre ting, som å spre forskjellige stoffer ut over gresset slik at det vokser raskere og bedre, – hvilket hagedyrkerne så fortviler over når sommeren kommer og de må slå to ganger i uken.

Men tilbake til påsken og ski. Noe av det folk setter høyest er en hytte i skiterreng (i tillegg til én ved sjøen) og når en nordmann beskriver noe med fullstendig henrykkelse i øynene, er det sannsynlig at det ikke gjelder det annet kjønn, men en hytte. Han vil fortelle

how you have to leave the car 'only' 10 kilometres away and ski the rest of the way with a week's provisions on your back, how you have to crack the ice and melt it for cooking and washing – well, suffice to say it is simply heaven on earth!

Of course, not everyone is fortunate enough to have a cottage in the mountains, so the ones who don't simply go for day trips. Most years there is good skiing no more than about an hour's drive away from Stavanger, and parking places for at least half the cars that would like to be there. So, all that is needed is to get an early start, and getting up at 6 am on holidays leads to nothing but health and well being, we are told.

Once up in the mountains, you are met with a multitude of cars and seemingly multitudes of people. But leave your car behind and just a few minutes later you can find yourself in a brilliant world of white and blue practically to yourself, with soft undisturbed snow you can be the first to make tracks in. This is one of the opportunities when, if you take the trouble to look, listen and feel, you can get an insight into the pleasures of that much talked about 'outdoor life'.

Besides, there is a bonus in the form of a built-in status symbol as well. The early spring sun tans like no other and, back from the mountains to take up everyday life again, you will find tanned faces with surely bluer eyes and whiter teeth than they had before, competing with each other for degrees of brownness.

There is another aspect of receiving Spring: by scrubbing walls and ceilings, shining brass and silver, shaking rugs and airing everything airable. Although many proud housewives probably do this fiendish Spring Cleaning from a personal conviction that cleanliness is its own reward, there is actually another reason: once those slanted rays of spring sunshine fall upon windows that turn out to be non-transparent, and into rooms that in winter had seemed perfectly adequate, it is quite clear that Some-

deg om stillheten, om hvordan den ligger for seg selv, at du må la bilen stå «bare» 10 kilometer unna og gå resten på ski med en ukes forsyninger på ryggen; at du må bryte is og smelte til matlaging og vask – nå ja, la det være klart at dette er simpelthen himmel på jord!

Det er klart at ikke alle er heldige nok til å ha hytte på fjellet. De som ikke har, drar på dagsturer. Som regel er det skiføre ikke mer enn en times kjøring fra Stavanger, og parkeringsplass for minst halvparten av de bileierne som gjerne ville vært der. Derfor gjelder det å komme tidlig av sted. Det å stå opp klokken 6 om morgenen på fridager fører ikke til annet enn sunnhet og velbehag, er vi blitt fortalt.

Når du så er oppe i fjellet, møter du en masse biler og en masse mennesker. Bare noen få minutter senere kan du befinne deg i en strålende verden av hvit sne og blå himmel omtrent helt for deg selv, med myk uberørt sne som du kan legge dine spor gjennom. Dette er én av mulighetene som – hvis du gir deg umak med å se, lytte og føle, kan gi deg innsikt i de friluftslivets gleder som blir så mye omtalt.

Dessuten er det en bonus i form av et innebygd statussymbol også. Den tidlige vårsolen bruner som ingen annen og når dagliglivet begynner igjen etter en fjellferie, vil du møte brune fjes med øyne som helt sikkert er blåere og tenner som er hvitere enn de var før, og alle konkurrerer om å være brunest.

Det er en annen side ved å ta imot våren; å skrubbe vegger og tak, pusse messing og sølv, riste matter og lufte alt som luftes kan. Selv om mange husmødre sannsynligvis foretar denne iherdige vårrengjøringen ut fra en personlig overbevisning om at renhet er en belønning i seg selv, er det faktisk en annen grunn: når vårsolens skrå stråler faller på vinduer som viser seg å være ugjennomskinnelige og inn i rom som hadde virket helt i orden om vinteren, er det tydelig at *Noe Må Gjøres*. Det fins selvfølgelig alternativ. Ved å gå inn for den filosofi at det vi ikke ser, ikke eksisterer, kan vi simpelthen finne en uforstyrret solvegg ute,

thing Must be Done. There are alternatives, of course. By adopting the philosophy that what we don't see does not exist, we can simply seek a secluded, sunny wall outside, lean back wrapped in coats and blankets and allow our bones to thaw out.

Summertime

Whenever it is officially that spring leaves off and summer begins, the fact is that May 17th is the day that long underwear can be safely discarded. This has nothing to do with the weather either; children may have been sweating in them for weeks now but that early warmth is treacherous, one can never tell. On the other hand, even if it happens to be freezing cold on May 17th it is not right and seasonable for it to do so, and off come the long-johns anyway. Now it is summer.

May 17th is Norwegian Constitution Day, and without doubt the grandest day of the year. For weeks beforehand there are excited discussions about who is going to wear what; windows are cleaned, cars washed and decorated with birch branches and flags, and when the day finally comes, a whole nation seems to parade forth in brand new clothes, patriotic red, white and navy dominating.

Women who have a *bunad*, the national costume, will proudly wear it on this day. The bunad varies slighly with each settlement, but they all abound in embroidery, white lacy blouses and lots of silver glimmering at the throat. Some may be family heirlooms, others painstakingly made by the wearer over long months of loving work. The bunad, in common with national costumes the world over, has the quality of being perfectly right for its wearer; a normally un-noticeable Nowegian woman becomes regal and elegant as she walks in her swinging skirts.

The pre-schoolers are high on the best dressed list too, wearing exquisitely handknitted outfits from top to toe, or a tiny bunad which converts a scraped-kneed tomboy into an instant golden ringleted angel.

lene oss tilbake godt innpakket i jakker og tepper og la benpipene tine.

Sommer

Uansett når våren går over til sommer, er det faktum at 17. mai er den dag da man trygt legger vekk det lange undertøyet. Dette har heller ikke noe med været å gjøre; barna kan ha svettet i det i ukevis, men den tidlige varmen er farlig, man vet aldri. På 17. mai derimot trekker man i sin beste stas, uansett temperaturen. Da *skal* det være sommer.

17. mai er den norske nasjonaldagen, og uten tvil årets største dag. I uker i forveien er det ivrige diskusjoner om hvem som skal ha på hva; vinduer blir pusset, biler vasket og pyntet med bjerkekvister og flagg. Når dagen endelig kommer, ser det ut som hele nasjonen skrider frem i splitter nye klær, dominert av patriotisk rødt-hvitt-blått.

Kvinner som har bunad, bærer den stolt denne dagen. Bunadene er forskjellige fra sted til sted, men de er alle rikt brodert, med hvite bluser og en masse skinnende sølv. Noen kan ha gått i arv i familiene, andre har eieren omhyggelig sydd gjennom månedlangt iherdig arbeid. Bunader, i likhet med nasjonale drakter verden rundt, har den egenskap at de virker fullstendig riktig på den som bærer dem: en bunadkledd kvinne, uansett alder, er alltid staselig og elegant når hun går i sine svingende, fargerike skjørt.

Småbarna er et syn for seg i sine nye 17. mai klær, og en bitteliten bunad kan med et trylleslag gjøre en villbasse med oppskrapte knær til en gyllen engel. Dagen fortsetter med bråkmakere og spillopper – noen morsommere enn andre – som kinaputter i postkassen din. Feststemningen slipper aldri taket før det blir fotsår sengetid, mye mye senere.

Om morgenen er det skolenes tog, marsjerende korps, uniformer, – stolte flaggviftende barn som paraderer forbi enda stoltere foreldre langs gatene. I de forskjellige bydelene i Stavanger blir det organisert leker, konkurranser,

Left:
The 17th of May procession passing through Old Stavanger.

141

The day continues with noisemakers and pranks of varying hilarity, such as firecrackers exploded in your mailbox, and never once relaxes its hold of excitement until a footsore bedtime much, much later.

During the morning there are the school parades, marching bands, uniforms, flagwaving children marching past even prouder parents lining the streets. In the various districts of Stavanger there are organised games, competitions, races, followed by hot dogs, ice cream and cake at home for a brief respite.

Then festivities continue: there is the People's parade with floats and more music; there is parachute jumping, concerts, dances and fireworks.

No description of May 17th would be complete without mentioning the Russ, the graduating class of Gymnasium. (Gymnasium is a three-year school of higher education following the nine-year obligatory school).

The Russ finish their exams around the middle of May and tradition demands that they make the next weeks as festive, memorable and uninhibited as possible.

The Russ have several peculiar characteristics: they move in flocks, garbed in red or blue satin caps and overalls with school emblems appliqueed to their backs. Their caps have long tassels with knots on them. These knots are status symbols, each one represents a night without sleep or some daring deed.

When not in flocks, the Russ can be seen cruising around in ancient automobiles, resurrected and painted for the occasion 'to have this one last glorious fling before total collapse.

A highlight of the 17th of May celebration is the parade of the Russ, the *Russetoget*, a sort of moving cabaret with miming, costumed, sign-carrying students, satirising national events with little respect and often considerable humour.

But, to continue with summer: given a few days of uninterrupted sunshine the people of Stavanger undergo a most astonishing transformation, they shed their cocoons of practical

kappløp, supplert med varme pølser, iskrem, kaker og brus.

Ingen beskrivelse av 17. mai ville være fullstendig uten å nevne russen, de som tar artium det året. Russen er ferdig med sine eksamener omtrent midt i mai, og tradisjonen forlanger så at de skal sørge for å gjøre de neste par ukene så festlige, minneverdige og elleville som vel mulig.

Russen har flere merkelige trekk: de beveger seg i flokker, utstyrt med røde eller blå luer og kjeledresser med skole-emblemer applikert på ryggen. Luene har lange snorer med knuter på. Knutene er statussymboler, hvor hver knute representerer en natt uten å ha vært i seng eller modig dåd.

Når russen ikke opptrer i flokk, kan den observeres kjørende rundt i eldgamle biler som har fått nytt liv og ny maling for anledningen, for å oppleve denne siste glade utskeielse før det totale sammenbrudd.

En av de store begivenheter på 17. mai er russetoget, en slags spaserende cabaret med mimende, forkledde, plakatbærende studenter som driver ap med nasjonale begivenheter med svært lite respekt – og ofte med megen humor.

Men for å gå tilbake til sommeren. Det skal bare noen få soldager til før Stavangerfolket gjennomgår den mest utrolige forandring – de kvitter seg med sine skall av fornuftige plagg for all slags vær og blir til sommerfugler – i løpet av en natt. Frem kommer glade farger, bare ben og en følelse av frihet. Alt er tillatt. Og til alt dette, en masse smilende brun hud og bekreftelsen av den berømte skandinaviske skjønnhet.

I disse varme dagene forandrer faktisk hele livsstilen seg. Å nyte solen står på toppen av listen. Ofte, faktisk som eneste punkt.

Folk venter på bussen med ansiktene vendt mot solen: gamle menn setter seg på sine faste plasser på benker i solen rundt om i byen; husmødre, avkledd til et minimum, gjør alt ute, fra havestell til stryking; flokker av spaserende, syklende, kjørende mødre med småbarn drar ut til strand og sand hvor de til og

all-weather coats and are changed into butter-
flies overnight. Out come bright colours, bare
feet and a sense of freedom. Anything goes.
And with anything, lots of smiling brown skin
and confirmation of the famous Scandinavian
beauty.

During these warm days, the whole pattern
of life changes as well. Enjoying the sunshine
is at the top of the list. In fact, it may be the
only thing on the list.

People at bus-stops wait with upturned
faces; old men take up their particular places
on sunny benches around town; housewives,
stripped to a minimun, do everything in the
garden from gardening to ironing; streams of
walking, cycling, riding mothers with little
ones head for the beaches and the sand where
they will even defy the bone-chilling waters
from time to time. The secret of not catching
cold, by the way, seems to be changing out of
the wet swimsuit and into a dry one immedi-
ately on coming out of the water. As a conse-
quence of long practice, fast one-handed
changing while holding a discreet towel with

med trosser det isende kalde vannet av og til.
Forresten ser det ut til at hemmeligheten bak
det å ikke bli forkjølet ligger i å skifte fra våt
badedrakt til en tørr, med én gang man kom-
mer opp av vannet. Lang øvelse har gjort raskt
skifte med én hånd mens man holder et diskret
håndkle med den annen, til en egen norsk
kunstart.

Selv sosiale omgangsformer forandrer seg:
naboer som vinteren igjennom snaut har ut-
vekslet mer enn blåfrosne smil, prater nå av-
slappet over hekken eller stikker inn til hver-
andre på impulsbesøk – de mer sjenerte kan-
skje bevæpnet med spørsmål om havestell.
Familier som resten av året regner dagen som
så godt som forbi ved sekstiden om kvelden,
ser det nå som fullstendig normalt å sette opp
et badminton-nett ved ti-tiden eller å stikke
innom noen.

De lange lyse nettene når det aldri blir for
mørkt til å lese en avis ute, snur opp ned på all
følelse av tid. Barn leker ennå ute når det nær-
mer seg midnatt, spebarn vil slett ikke sove, og
hvis det faller seg slik at du våkner klokken tre

the other one has developed into a minor Nor-
wegian art.

Even social etiquette undergoes a transfor-
mation: neighbours, who all winter long have
hardly more than exchanged blue-lipped
smiles, now have leisurely chats across shrub-
bery or drop in on each other for impromptu
visits, the shyer ones perhaps armed with gar-
dening consultations. Families who the rest of
the year would consider the day just about
gone by six in the evening will think nothing
of putting up a badminton net at ten.

The long, light nights, when it never really
gets so dark that you couldn't read a news-
paper outside, play havoc with all sense of
time. Children still play outdoors when it is
getting close to midnight, babies don't want to
go to sleep at all and, if you happen to wake at
three in the morning to a demented chorus of
birds outside your window, it may be quite a
job convincing yourself it is still worth going

*Windsurfing seems to have been invented especially for the
wind and the waves around Stavanger's coastline.*

om morgenen til et hysterisk fuglekor utenfor
vinduet, kan det være litt av en jobb å overbe-
vise deg selv om at det ennå er mening i å sovne
inn. Det hele har et anstrøk av Alice in Wonder-
land. Det er for eksempel noe eget i det å kle seg
til selskaps – i aftenkjole og solbriller.

Høydepunktet i hele dette gledesutbruddet
er St. Hans, årets lengste dag. Alt som kan
brennes, er samlet gjennom måneder til bål på
friområder og på strendene. En gang i tiden
var disse bålene ifølge folketroen nødvendige
for å jage vekk onde ånder som var ute denne
natten. Familier, venner, eller til og med et
helt nabolag samler seg rundt et bål og trekker
nærmere etterhvert som natten blir kjøligere.
Det blir spist og drukket, det blir lekt og kan-
skje sunget. Det hele gir en intens følelse av å

back to sleep. It is all slightly Alice in Wonderland-ish. There is nothing, for example, quite like getting all dressed up to go to a party, in evening dress and sunglasses.

The beach at Vaulen on Gandsfjord, when the water is almost warm enough for swimming.

The height of all this effervescence is midsummer night, the longest day of the year. Anything burnable will have been collected for months, to feed the bonfires in gardens and along the beaches. Once these fires were necessary to ward off the evil spirits cavorting around this night. Now they provide atmosphere, warmth and cook sausages. Families, friends or whole neighbourhoods will gather around a bonfire, drawing nearer as the night cools. There is lots of eating and drinking, games and singing. And there is the sparkle of being totally alive, a necessary contrast to the long months of dark, slightly sleepy routine.

In the beginning of July starts the three week long common holiday, the *fellesferie*, when

være spill-levende, kanskje en naturlig og nødvendig kontrast til de lange vintermånedene.

Tidlig i juli begynner den tre uker lange fellesferien, hvor mange store firmaer og bedrifter stenger og Stavanger står stille. Folk forlater byen, drar avsted i båt, til hytter og på charterturer til steder hvor sommervær er et faktum, ikke en innstilling, slik som hjemme. For å gjøre opp for de innfødtes masse-utvandring kommer turistene fra alle deler av verden, i strømmer fra cruise-båter, ferger og fly for å glede seg over Stavanger akkurat på den tid da byen er best.

For å ta en annen side ved sommeren må vi gå tilbake til naturen igjen. Det dreier seg om vann, enten det nå er sjø, fjord, elv eller inn-

145

many of the large firms and industry close down and Stavanger comes to a stop. People desert their town, taking to boats, cottages and southern package tours to where the warmth is a fact rather than a state of mind, as it is at home. To compensate for the mass exodus of the natives, tourists come from all over the world, off cruise ships, ferries and planes, to enjoy Stavanger at the very time it is most enjoyable.

For another aspect of summer, we go back to nature again. Water takes precedence, whether sea, fjord, river or lake, whether boating, swimming, sunning or fishing.

If your choice is deep sea fishing, you can rent a boat from the little port of Tananger and go out to sea to try your luck with the big ones on a 'no catch, no pay' basis.

For cod, saithe and such, there are the fjords where every fishing Siddis has his pet place and time, not to mention the most extraordinary gadgets with not only hook, line and sinker, but a whole series of intimidating devices guaranteed to catch them coming or going, deep or shallow. If you see a boat gently rocking by the hour in the same spot with its occupant apparently suffering from a jerking shoulder, he is probably deeply engrossed in manipulating one of these contraptions, with the purpose of filling the family freezer.

Some of the catch may be kept for cooking whole, some filleted and some ground up and mixed into a paste with flour and spices to form *fiskeboller*, a type of fish dumpling of a horrifying whiteness and gelatinous texture, to be served in an equally white sauce. To truly appreciate these fish balls, the main requirement is to be born on Norwegian soil.

Until fairly recently, Norwegian diet relied heavily on fish, with meat usually reserved for Sunday dinners. This is gradually being changed, partly because the price of meat is kept down by government subsidies, in spite of it being government policy to discourage meat consumption.

One of the mouthwatering delicacies of

sjø, enten det gjelder båttur, bading, solbading eller fiske.

Hvis du foretrekker havfiske, kan du dra ut fra den lille havnen i Tananger for å prøve lykken der. Regelen er at hvis du ikke får fisk, skal du heller ikke betale.

For torsk og sei og annen fisk har vi fjordene hvor enhver fiskende siddis har sitt yndlingssted og sin yndlingstid, for ikke å snakke om de mest sinnrike innretninger ikke bare med krok, snøre og søkke, men med hele serier av skremmende saker som garantert vil ta fisken. Ser du en båt som gynger fredelig, time etter time på samme sted og med et menneske i som ser ut til å ha rykk i skulderen, er han sannsynligvis oppslukt av å håndtere en av disse innretningene. Målet er å fylle familiens dypfryser.

Noe av fangsten vil kanskje bli kokt, noe filletert, noe malt og blandet til deig med mel og krydder for å bli fiskeboller. De ser skremmende hvite ut, har geléaktig konsistens og blir servert i en like hvit saus. Betingelsen for å virkelig sette pris på dem, er å være født på norsk jord.

Inntil forholdsvis nylig besto norsk kosthold for en stor del av fisk, med kjøtt som regel forbeholdt søndagsmiddag. Gradvis forandrer det seg, delvis fordi fiskeprisene stadig går oppover mens kjøttprisene blir holdt nede med subsidier.

En av sommerens ganekilende delikatesser er tidlig-makrellen. Den blir enten servert kald, kokt og avkjølt i vann med salt, pepper og litt eddik – eller, enda bedre, snudd i mel og sprøstekt, servert med agurksalat og rømme med dill, og kokte poteter (som sjelden mangler på noen Stavanger-meny).

Når du kjøper makrell, spør fiskehandleren om du vil ha den filétert eller bare renset. Samme hva du bestemmer deg for, så sørg for å få ham til å ta vare på melken eller rognen som kan stelles til på samme måte som resten av fisken – og som smaker enda bedre.

For nordmenn kan fiske være så mangt, men aldri den søvnige elvebredd-varianten med hatteskyggen over øynene og fiskestan-

Since the season has started; why not try some fishing?
Crabs maybe?

summer is the early mackerel, either eaten cold, having been first poached in water with salt, pepper and a little vinegar and allowed to cool in this liquid or, better still, dipped in flour and fried crisp, served with cucumber salad and sour cream with dill, and boiled potatoes – seldom missing from any Stavanger meal.   When you buy mackerel, the fish-

gen støttet opp som franskmennene, for eksempel, liker så godt. Det er å være aktiv, energisk, og overlate minst mulig til tilfeldigheter.

For å ta fiske etter ørret i elv – det vil si en masse risikabel hopping fra én glatt sten til en

147

The Stavanger Golf Club is one of the loveliest, and one of the most demanding, in this part of the world.

Left:
The marina at Hillevågsvatnet.

A bag of fresh shrimp and dreams of far away places.

monger will ask whether you want it filleted or just cleaned. Whatever you decide, be sure to get him to keep the milk or the roe, which can be cooked the same way as the rest and is even better than the fish itself.

Fishing, to Norwegians, can be many things but never the lolling by the river bank with hat-shaded eyes and propped-up pole variety that, for example, the French so delight in. It is to be active, energetic and as little as possible left to chance.

River trout fishing for one, involves a lot of precarious jumping from slippery stone to slippery stone, rods swinging with a certain undefinable touch in sweeping arcs that send the line whizzing out over the rushing water. If unproductive after a few expert tugs, the process is repeated over and over and over again, generating a sort of gambling fever where time and place recede and the one thing that matters is to try just once more, because this time you'll get him! So far, probably no different from any other country. But try all this once

annen og stenger som blir svingt med udefinerbar ekspertise slik at linen suser ut over vannstrømmene. Hvis det ikke gir resultat etter noen få kjenner-rykk, blir det kastet om og om og om igjen, noe som skaper en slags spillefeber hvor tid og sted forsvinner ut av fokus og det eneste som betyr noe, er å prøve én eneste gang til, for nå biter det! Så langt i historien er det neppe anderledes enn i andre land. Men prøv alt dette en varm sommernatt med fullmåne, der fjell og trær står i uvirkelig silhuett mot himmelen. Prøv å tilberede ørreten din over et bål ved elven og spis den som et slags hedensk offer til naturens overdådighet – her igjen vil du virkelig føle noe av dette med *friluftsliv*.

Akkurat som den går mot slutten, tilbyr sommeren sin siste glede: bærplukking. Hele

149

on a warm summer night under a full moon, the shapes of mountains and trees thrown in silhouette by the lingering sunset oranges in the sky which, instead of disappearing, simply blend in time with sunrise pinks; try cooking your trout over an open fire by the river and eating it as a sort of pagan offering to nature's bounty – then again you will savour something of that Outdoor Life.

Just as it is nearing its end, summer holds forth her last joy: berry picking. The entire countryside around Stavanger is covered in wild berries. It is harder to avoid them than to find them.

There are of course lovely punnets of raspberries, currants and all to be had at the market and there must be people who would actually rather buy them there. But then, they are obviously lacking in finer feelings.

If you don't mind a few scratches on arms and legs, there is a lot of satisfaction to be gained from covering a hillside, shrub by shrub, filling buckets with raspberries far tastier than any cultivated ones; it has some of the excitement of fishing: doing just this one last bush before quitting.

Last of the season are the blueberries. On the one or two 'blueberry weekends' you will see hundreds of people going up into the hills, whole families equipped with forked scoops and buckets. On a particularly good day, a family can come back with as much as ten buckets full.

Berry picking doesn't only represent free booty – although one must admit it has a certain appeal to get something for nothing, and never mind the time and the driving costs – it is more like a private pact of generosity between you and Mother Nature: she provides, you take the trouble to accept.

Autumn

It is a time of rainy pine woods draped with magic cobwebs that glisten in the mist; a time for mushrooms and toadstools (and may you

landskapet rundt Stavanger er fullt av mange forskjellige ville bær. Det er vanskeligere å unngå dem enn å finne dem.

Selvfølgelig er det kurver med deilige bringebær, rips, og alt slikt å få på Torvet, og det fins vel dem som heller kjøper der. Men det er innlysende at de mangler de finere instinkter.

Hvis du tåler noen få risp på armer og ben, er det mye glede å finne i å gå fra busk til busk og fylle bøtter med ville bringebær som smaker langt bedre enn de «tamme». Spenningen er lik fiskernes: å ta med bare denne ene busken før vi stopper.

I juli måned kommer blåbærene. På en eller to «blåbærhelger» vil du se hundrevis av mennesker dra opp i heiene, hele familier utstyrt med plukkere og bøtter. Etter en spesielt god dag kan en familie komme hjem med opptil ti fulle bøtter.

Bærplukking gjelder ikke bare det å få noe gratis – selv om det må innrømmes at det har noe for seg å få noe for ingenting (vi bryr oss ikke om tiden og kjøringen). Det er mer som en slags privat pakt mellom deg og Moder Natur: Hun tilbyr, du tar bryderiet med å ta imot.

Høsten

Det er en tid hvor regnvåte trær står drapert med magiske edderkoppspinn som skinner i tåken; en tid for matsopp og giftig sopp (du vet forhåpentligvis forskjell) og en tid for å vasse gjennom sprøtt, gyllent løv.

Alt dette er tilgjengelig i selve Stavanger. Hvis du drar litt lenger ut, vil du finne at all slags jakt også er mulig. Det fins reinsdyr, dådyr og senere på høsten ryper, og alt er virkelige delikatesser. Man må ha jaktlisens og det er en fastsatt sesong for de fleste arter, samt en kvote for enkelte.

Høst er inne også: det er slutten på de lange, lyse dagene og begynnelsen på mørketiden. Det er tid til å grave seg ned og sikre seg for vinteren som kommer.

Folk med hytter drar dit på en siste, nostalgisk tur og stenger for vinteren; drar båten på land med tungt hjerte.

know the difference), a time for crisp golden leaves underfoot.

All that is available right in Stavanger. If you venture a little way out, you will find hunting of all sorts as well. There is reindeer, red deer and ptarmigan later on towards winter, all of them great delicacies. A hunting licence is necessary and there is a limited season for most game, plus a quota for some. Going off into the hills with a gun on private initiative is strongly frowned upon by authorities.

– going up into the hills, whole families equipped with forked scoops and buckets.
Next pages: 9th of May 1981 was a memorable day in Stavanger. Queen Elizabeth II, Prince Philip, and King Olav visited the town. Here we see them greeting children from the British School in Stavanger.

Hus blir sett på med kritisk blikk for første gang siden våren. Møbelforretningene livner til og fyller postkasser med fristende brosjyrer, for huset må være koselig og komfortabelt de lange vinterkveldene som venter.

Autumn is indoors, as well.

It is the end of the lighthearted long days and the beginning of the dark season; serious business. It is the time to dig in and make secure for the coming winter.

People with cottages make a nostalgic last visit to close them up for the year; they take the boat out of the water with heavy hearts. Houses are looked at critically for the first time since spring and hardware stores do good business on paints and all sorts of handyman's equipment. Furniture stores come to life and fill mail boxes with tempting pamphlets, for the house must be cosy and snug for the long evenings ahead. 'Cosiness' incidentally, is one of the more desirable attributes of life for most Siddis. It includes tangibles such as lighted candles (picturesquely called living lights in Norwegian), a roaring fire in the fireplace, special goodies to nibble on, crisply ironed table cloths and flowers. But it also includes intangibles harder to define — something between a safe, well stocked squirrel's nest and an advertisement ideal-family, ideal-home dream.

Then, settled among cushions in front of the fire, the family can enjoy the dozens of new books which appear each autumn. Norwegians, by the way, are among the most assiduous book readers in the world.

Besides the books, there are handworks galore. Norwegian women regularly turn out knitted masterpieces for the whole family as a matter of course, juggling half a dozen balls of wool and intricate patterns 'just to have something to do' while watching television. There is also all sorts of weaving and carpet making, which, by some unwritten rule, is the only needlework which is considered suitable for a man.

As most families have their main meal of the day at about four in the afternoon, it leaves plenty of time for all sorts of activities. One of the most popular are the huge variety of adult education courses where it is possible to learn anything from bee keeping to filling

Rainy day, 'Strandkaien'.

154

Because the centre of Stavanger is small and easily accesible, shopping is a pleasure, whether it is for the daily necessities or for luxuries.

Forresten er «hygge» en av de høyest verdsatte livskvaliteter for de fleste siddiser. Det omfatter slike konkrete ting som levende lys, et sprakende bål på peisen, spesielle godsaker å bite i, fint strøkne duker og blomster. Men det omfatter også abstrakte elementer som er vanskeligere å definere – noe midt mellom et trygt og matrikt ekornrede og en annonse-idealfamilie-idealhjem-drøm.

Og så, godt på plass blant puter foran peisen, kan familien hygge seg med dusinvis av de nye bøkene som kommer ut hver høst. Nordmenn er, når vi nå er inne på dette, ett av de mest boklesende folk i verden.

I tillegg til bøkene er det et stort utvalg av håndarbeider. Norske kvinner lager strikkede plagg til hele familien med jevne mellomrom som en selvfølgelighet; tryller med et halvt dusin nøster og innviklede mønstre «bare for å ha noe å gjøre» mens de ser på fjernsyn. Det

157

out favourable income tax declarations, repairing your own car, scuba diving or speaking Urdu.

The cultural scene wakes up, as well. The concert season starts in September with a fortnightly subscription series of symphony concerts, and other musical events. There are lectures, exhibitions, theatre and jazz.

Rogaland Theatre is a thriving institution offering Stavanger's grateful public an assortment of drama, comedy and musicals. A small annex, the Intimscenen, was added in 1976 for use in experimental theatre or smaller productions. There is a childen's theatre as well, with at least one play per season. And last but not least, Liv Ullmann had her acting debut here, taking the lead in 'The Diary of Anne Frank'.

It must be a rewarding experience for visiting artists to perform in Stavanger, in spite of its small size. Most plays run to a full house every night and ticket sales have more than once covered some 80% of the town's total population. At musicals or concerts with familiar tunes, the enjoyment of the public is almost tangible, every member of the audience just barely perceptibly swaying with delight.

Winter

Short days, long evenings. A person working a full day may never see daylight for weeks; dark when he leaves and dark when he returns. Indoor hobbies and evening classes play an important part this time of year and so do all the preparations for the season's highlight and dispeller of gloom: Christmas.

It is a long time since the opulence of a table loaded with food and drink at Christmas time was a necessary contrast to the meagre fare of the rest of the year. It is a long time since *nisser*, small mischievous household elves in red peaked caps, would do untold damage unless given their ration of porridge. It is also a long time since the Sunday before Christmas was called 'dirty Sunday'. (No point wasting a bath and the weekly clean underwear when every-

er også allslags veving og ryeknytting, som i kraft av en uskreven regel er det eneste slags håndarbeid som blir ansett tilstrekkelig maskulint for en mann å pusle med.

Siden de fleste familier spiser middag ved firetiden, har de masser av tid til alle slags aktiviteter. En av de mest populære er et utrolig tilbud av forskjellige fritidskurs hvor det går an å lære alt fra stell av bier til å fylle ut selvangivelse, reparere din egen bil, eller å snakke urdu.

Og kulturlivet våkner til live. Konsertsesongen går fra september til april, med abonnementskonserter hver fjortende dag. Det er også foredrag, utstillinger, teater og jazz.

Rogaland Teater er en blomstrende institusjon som tilbyr Stavangers takknemlige publi-

'Sing in exultation' – a choir in the Cathedral.

one was to be clean from head to toe all over again for Christmas Eve.)

Still, many of the traditions continue, if in a slightly modernised, internationalised form. Preparations start a month or two before the big day, many families spending evenings sitting around a table making gifts and decorations – lovely warmhearted things without getting angry about spilled glue. Julebrød is baked, the seven different kinds of Christmas biscuits necessary for a housewife's self respect all stored away, plus a multitude of food bought, prepared, readied.

For some families it would be unthinkable to expect Christmas to come unless they had first made a *pepperkakehus*, the Norwegian version of a gingerbread house, decorated with

kum et utvalg av drama, komedier og operetter. Et lite anneks, Intimscenen, ble bygd til i 1976 for eksperimentelt teater og mindre oppsetninger. Det er også et barneteater som spiller minst ett stykke hver sesong. Og sist men ikke minst hadde Liv Ullmann sin skuespillerdebut her, da hun spilte Anne Frank.

Det må være en fin opplevelse for besøkende artister å opptre i Stavanger, trass i at byen er liten. De fleste teaterstykker går for fulle hus hver kveld og billettsalget har ved mer enn én anledning tilsvart rundt 80 prosent av byens innbyggertall. På operetter eller konserter med kjente melodier er publikums glede

the most elaborate curlicues of icing and couloured sweets. To make a pepperkakehus, you start out with the most architecturally inclined member of the household drawing up the pattern, wall by wall, roof by roof, not forgetting about finer points such as windows and doors. Then you make a gingerbread biscuit dough, roll it thin and cut it in the shapes of the blueprint. During the baking process the pieces may lose their shape somewhat, if so, just place the patterns on top again and trim to size. When you have got this far, all the family's imagination comes into play – there is no limit to decoration, too much of a good thing just makes it better. Then comes the daring part: using hot, sticky caramel, you glue the pieces together, building up your pepperkakehus. Chimneys and steps can be made beautifully with sugar cubes, also stuck together with caramel. You can set the house (or houses) on a tray with cotton wool around them for snow, populate it with little people and farm animals and display it in some place of honour while you sit back for the admiring ahhhs.

The Julebord

One of the essential ingredients of the Christmas season is the *Julebord*, the traditional groaning table which is the centrepiece and crowning glory of most large yuletide social occasions.

The variety of dishes can differ from place to place, but even the most meagre one would defeat the average gourmandizing adventurer determined to try everything. A Julebord is as much a joy to behold as it is to taste, and it takes some ruthlessness to be the first to destroy the work of art that is each platter. Fortunately, such scruples are soon overcome.

To start with, there is a huge variety of seafood: shrimp, smoked, pickled, pressed fish,

A rare occurence: The centre of town dressed up for Christmas.

følbar – hver eneste i salen svaier nesten merkbart i glede.

Vinteren

Korte dager, lange kvelder. Den som har full arbeidsdag, kan gå i uker uten å oppleve dagslyset; mørkt når man går og mørkt når man kommer hjem. Innendørs-hobbyer og fritidskurs spiller en viktig rolle på denne tiden av året, og det gjør også forberedelsene for årstidens høydepunkt og tristhetsfortrenger: julen.

Det er lenge siden overdådigheten ved et bord fullt av mat og drikke ved juletid var en nødvendig kontrast til den sparsommelige hverdagen resten av året. Det er lenge siden nisser med røde luer kunne gjøre mye galt hvis de ikke fikk sin grøtrasjon. Det er også lenge siden søndag før jul ble kalt «skittensøndag» (det var ingen vits i å sløse med et bad og det ukentlige undertøysskift når alle skulle være rene fra topp til tå igjen til julaften).

Likevel lever mange av tradisjonene ennå, om enn i en litt modernisert og internasjonalisert form. Forberedelsene begynner en måned eller to før den store dagen, og mange familier tilbringer kveldene rundt et bord med å lage gaver og pynt – deilige, hjertevarme ting – uten at noen blir ergerlige over limsøl. Det blir bakt julebrød, de syv sorter julekaker som må til for å redde husmorens selvrespekt må i boks. I tillegg skal masse mat kjøpes, stelles til, og gjøres klar.

For noen familier ville det være utenkelig å tro at det ble jul hvis de ikke fikk lage sine pepperkakehus, pyntet med de mest finurlige glasursnirkler og farget snop. For å lage et pepperkakehus må du først få familiens mest arkitekturbegavede medlem til å lage mønster, veggbit for veggbit og takside for takside, uten å glemme slike viktige detaljer som vinduer og dører. Så lager du en pepperkakedeig, kjevler den tynt ut og skjærer til etter mønsteret. Under stekingen kan noen av bitene endre fasong littegranne, og da er det greit bare å legge mønsteret over og skjære til når de kommer ut av ovnen. Når du er kommet så langt,

herring in a dozen sauces. Then the cold meats: roasts sliced paper thin, pork, beef, reindeer and ribs and sausages and the variety of raw dried and smoked legs of lamb and mutton which are so much part of the season. Among all the salads and relishes the one obligatory sauce is tyttebær, a close relation of the cranberry and an essential with reindeer. There may be hot dishes as well, then a dazzling array of sweet creams, rice pudding, cream cakes and gingerbread biscuits. Should anyone feel like a little something to finish off on, there is always a magnificent cheese board.

There is an art to doing a Julebord justice. The uninitiated rush in and pile a little bit of everything onto their plate and attack the mountainous pile ravenously. First greed and hunger very quickly overcome, they sit there contemplating the unappetising mess all soaked in pickled herring juice and wonder what can be done with it within the boundaries of politeness. Then they look around and notice the experts who beam with happiness over a well organized plate. The expert has apparently surveyed the table before picking anything, and then made his deliberate choice of just a few seafoods, which he proceeds to eat slowly, enjoying every bite. Leisurely, the operation is repeated, with a clean plate, for the meats and the other dishes any number of times with plenty of beer and aquavit to ease the way and plenty of time to savour every morsel. After all, a Julebord is the height of the year's eating pleasure, it would be a sin to rush it.

The four Sundays in Advent are marked in a special way, not just in Stavanger but all over Scandinavia. Four candles, traditionally purple ones, are placed on the table. One candle is lit on the first Sunday evening, two the second Sunday and so on, until the Sunday before Christmas when all four candles are ablaze.

The beginning of Advent is also the beginning of most things Christmassy. The streets in Stavanger's shopping district are decorated,

kan familien få boltre seg med all sin skaperevne – det er ingen grenser for hvor mye det går an å pynte, for overdådighet gjør det hele bare enda bedre. Så kommer det virkelig vågale: du limer det hele sammen med varm og klebrig karamell, bygger opp huset ditt omhyggelig ved å presse bitene sammen. Skorstener og trapper kan bli aldeles fine av sukkerbiter, også limt sammen med karamell. Du kan bygge huset (eller husene) på et brett med bomull rundt til sne, befolke det med små mennesker og husdyr og sette det frem på en eller annen hedersplass mens familien setter seg godt til rette og mottar de beundrende ååååååååh.

Julebordet

En av juletidens viktigste ingredienser er julebordet, det tradisjonelle bugnende bord som er midtpunkt og høydepunkt for de fleste selskapelige sammenkomster.

Utvalget av retter kan variere fra sted til sted, men selv de enkleste ville vise seg for mye for den vanlige matinteresserte eventyrer som var innstilt på å prøve alt. Et julebord er like mye en fryd for øyet som for ganen, og det trengs en viss samvittighetsløshet for å være den som først angriper det kunstverk som hver rett er. Heldigvis lar slike skrupler seg lett overvinne.

Til å begynne med er det et veldig utvalg av sjømat: reker, røkt og marinert og gravet fisk, sild i et dusin varianter. Og så, de kalde kjøttrettene: kald stek i papirtynne skiver, svinekjøtt, oksekjøtt, rensdyrkjøtt og ribbe og pølser og det store utvalget av spekemat som er så nøye forbundet med årstiden. Blant alle salatene og alt tilbehøret er tyttebær et fast innslag, en nær slektning av amerikanernes «cranberries» og uunnværlig til reinsdyrkjøtt. Kanskje er det også varme retter, og så et imponerende utvalg av puddinger, riskrem, søte kaker og pepperkaker. Og, hvis noen

Although Christmas typically is not white, tradition demands a ceremonial lighting of the Christmas tree in front of the Cathedral.

one of the pedestrian streets with lovely straw billygoats, left behind from pre-Christian times. Shop windows are lit up and tempting. On late shopping nights you may even come across a little horse-drawn buggy with masked nisser riding around town looking suspiciously like Santa Claus and giving a few lucky children rides. There are groups singing carols on street corners and to top it all off, once in a while it will even snow.

People in Norway know how to make use of a good thing. Christmas begins on December 23rd, *Lillejulaften* or Little Christmas Eve, then goes on to Christmas Eve proper, then Christmas Day which is called the First Christmas Day, followed by the Second Christmas Day on December 26th. No use skimping, might as well make the most of it, and there is an awful lot of food to get through.   Little Christmas Eve is time for church going. At the Cathedral there is a special service of Carols and Lessons held in English, which has become a tradition now for the town, packing in not only English speaking expatriates nostalgic for home, but also Norwegians coming to take part in the ceremony. The old Cathedral comes to life at times like this; the familiar words and songs washing the ancient walls and adding yet another memory to store away.

Christmas Eve used to mean rice porridge with a single almond hidden in its midst. Whoever found the almond received the prize of a marzipan pig, to eat all by himself. (I am not sure why it has to be a pig, and we won't speculate about its implications, either). In these, more affluent days, rice porridge has been relegated to lunchtime, and dinner is usually an elaborate affair of perhaps boiled cod served with the roe and the liver and boiled potatoes, by no means as uninspiring as it sounds when served with mustard butter on a bed of snow white, artistically starched napkin. Other families prefer mutton ribs and sausages, or leg of lamb, all very much up to personal choice.

The tree is usually decorated on the 24th. It

skulle ha behov for å runde det hele av, er det alltid et fabelaktig utvalg av oster.

Det er en kunst å gjøre ære på et julebord. De uvitende raser inn og dynger ned tallerkenen med litt av alt og går til angrep på den svære haugen med voldsom appetitt. Når så den første grådigheten og sulten raskt er stilt, sitter de der og filosoferer over den lite tiltalende blandingen som er gjennomtrukket av lake fra sildesalater og lurer på hvordan de kan bli kvitt det, innen høflighetens grenser. Så ser de seg rundt, for å oppdage ekspertene som lyser av lykke over sine velordnede tallerkener. Eksperten har tilsynelatende tatt et overblikk over bordet før han har valgt noe, og så gjort et gjennomtenkt valg av bare noen få fiske- eller rekeretter, som han spiser langsomt mens han gleder seg over hver munnfull. I ro og mak blir prosessen gjentatt med kjøttrettene og andre ting så mange ganger han har lyst, med rikelig øl og akevitt for å få maten til å gli lettere ned og rikelig med tid til å smake på hver bit. Når alt kommer til alt, er julebordet høydepunktet blant årets matgleder, og det ville være en skam å forhaste seg.

De fire søndagene i advent blir markert på en helt egen måte, ikke bare i Stavanger men i hele Skandinavia. Fire lys – tradisjonelt skal de være lilla – blir satt på bordet. Ett blir tent første søndag kveld, to neste søndag og så videre, helt til søndag før jul når alle fire lys brenner.

Første søndag i advent er også begynnelsen på det meste som har med julen å gjøre. Gatene i Stavangers butikkstrøk blir pyntet, en av gågatene med skjønne stråbukker som er en juletradisjon helt fra før-kristen tid. Butikkvinduer er opplyst og fulle av fristelser. På sene handlekvelder kan du til og med støte på en liten heste-kjerre med utkledde nisser på vei rundt i byen: de ligner mistenkelig på Santa Claus og lar noen få, heldige barn få en kjøretur med. Det er grupper som synger julesange.

Candle light in a thousand homes dispels the dark in the days before Christmas.

has been bought days or maybe even weeks before, either carefully chosen and personally chopped down by the head of the family, or perhaps bought off one of the tree laden boats rocking in the harbour, filling the air with the unlikely combination of fir and fish. The tree, draped in strings of small Norwegian flags, tiny baskets of goodies, straw ornaments and bits and pieces made by the children, stands usually in the middle of the room. After dinner and presents, everybody from baby to grandfather will join hands in a circle around the tree, singing carols without the slightest show of reputed Norwegian reserve or self-consciousness, leaving the foreigners in their midst to contend with feeling sheepish.

The next two days there can be church going, visiting and always lots of eating and drinking. Some people save a few days of their vacations and take them between Christmas and New Year, a time called *romjul*, and thus have over a week to extract every possible enjoyment of the season; the others have barely gone back to work before it is time for New Year's Eve parties with fireworks at midnight and more good food. And then, when you think it is all over, the so called Chistmas Tree parties begin in earnest. In fact, there is just no telling how long all the feasting would go on if skiing didn't demand a certain amount of physical fitness and a return to knekkebrød and geitost along with it.

på gatehjørner og på toppen av det hele hender det også at det sner.

Folk i Norge vet å gjøre det beste av noe godt. Julen begynner den 23. desember med lillejulaften, og fortsetter med selve julaften, deretter første juledag, og så annen juledag, den 26! Det er ingen vits i å spare, like godt å gjøre mest mulig ut av det, og det er en ustyrtelig mengde mat som må spises.

Julaften er tid til å gå i kirken. I Domkirken er det lillejulaften en spesiell gudstjeneste med julesanger og juletekster på engelsk, en tradisjon for hele byen som fyller kirken ikke bare med engelsktalende utlendinger som lengter hjem, men også med nordmenn som kommer for å være med på en vakker seremoni. Den gamle Domkirken har fått nytt liv ved slike anledninger; de velkjente ordene og sangene kjærtegner de gamle veggene og blir ennå et minne å ta vare på.

Før i tiden spiste man risengrynsgrøt på julaften, med en eneste mandel i. Den som fant mandelen, fikk en marsipangris som premie. (Jeg vet ikke riktig hvorfor det må være en gris, og la oss nå ikke lure på betydningen, heller). I våre dager er risengrynsgrøten blitt forskjøvet til formiddagen, og middagen er vanligvis en omfattende historie; gjerne kokt torsk og poteter, servert med rogn og lever, og aldeles ikke så uinspirerende som det kan høres, når det er servert med sennepssmør på et leie av en hvit og kunstferdig stivet serviett. Andre familier foretrekker pinnekjøtt og pølser, eller kanskje lammestek – smaken kan være så forskjellig.

Juletreet blir vanligvis pyntet selve julaften. Det er kjøpt dager eller kanskje til og med uker i forveien, enten omhyggelig valgt og hugget i egen person av familiens overhode, eller kanskje kjøpt fra én av de tettlastede juletrebåtene i havnen, som fyller luften med en usannsynlig blanding av gran og fisk.

Pyntet med flagglenker, bittesmå kurver med godt i, strådekorasjoner og saker som barna har laget, står treet vanligvis midt i stuen. Etter middag og gaver går alle fra småbarn til bestefar hånd i hånd rundt treet og

synger julesanger uten det minste tegn på nordmennenes påståtte sjenerthet, og overlater til eventuelle utlendinger i kretsen å hanskes med sine følelser av utilstrekkelighet.

De neste to dagene er det kanskje besøk i kirken, visitter hos andre, og alltid overdådige måltider. Noen gjemmer noen dager av ferien sin og tar dem mellom jul og nyttår, i romjulen, slik at de har over en uke til å få mest mulig glede av feiringen. Andre er bare såvidt kommet tilbake i arbeid når det er tid for nyttårsselskaper med fyrverkeri ved midnatt og mere god mat. Og så, når du tror det hele er over, begynner de såkalte juletrefestene for alvor. Faktisk ville ingen kunne si akkurat hvor lenge det hele ville vart om ikke skisesongen hadde krevet en viss kondisjon – og dermed tilbake til geitost og knekkebrød.

'Gutten og havfruen' the boy and the mermaid, a sculpture by Ståle Kyllingstad which is placed in 'Kannikparken'.

The Oil Industry: Fairytale vs. Reality

When the Ocean Traveller was towed into Stavanger harbour in June of 1966, emerging out of the mist like some technological sea-monster after a six week journey across the Atlantic, it was given celebrity treatment by press and public alike. Here at last was a real drilling rig, the first visible sign of the new era and all that it would bring with it. There would be jobs and lots of money and people in cowboy boots driving Cadillacs – change and excitement and adventure.

However, the arrival of the rig was far beyond the beginning of the adventure; it was the culmination of almost four years of negotiations spanning the globe. In 1962 Phillips Petroleum had applied to the Norwegian government for permission to explore the Norwegian continental shelf. In August of 1965 exploration concessions were granted to eight companies three of whom, Phillips, Esso and Petronord, decided to locate their bases in Stavanger.

Never slow to recognize and act upon a new trend, Stavanger's shipping industry realised that the new companies would need warehouses, pipe yards, dock area and a dozen other facilities for their operations. Two groups, *Smedvig Rederi* and *Aker*, set out in stiff competition with one another to offer supply bases to accomodate the newcomers.

On December 15, 1965 the first bulldozer pushed its way through fields of rocks at Tan-

Mechanical workshops and huge industrial complexes are as much of the Stavanger scene as the small-scale charm is. Here the Rosenberg yard which caters mostly to the oil industry. In the foreground the Maritime School.

Olje-eventyret

Da Ocean Traveller ble tauet inn til Stavanger havn i juni 1966, og kom til syne gjennom tåken som et teknologisk sjøuhyre etter seks ukers tur over Atlanteren, ble den mottatt som en berømthet av både presse og publikum. Her, endelig, var en skikkelig borerigg, det første synlige tegn på den nye tid og alt den skulle bringe. Det ville bli jobber å få og masse penger og folk i cowboystøvler som kjørte Cadillacer – forandring, spenning og eventyr.

Men plattformens ankomst var langt fra eventyrets begynnelse; den markerte kulminasjonen av nesten fire års forhandlinger som strakte seg jorden rundt. I 1962 hadde Phillips Petroleum søkt den norske stat om tillatelse til å utforske den norske kontinentalsokkel. I august 1965 ble det gitt letetillatelser til åtte selskaper, og tre av dem – Phillips, Esso og Petronord – valgte å etablere sine baser i Stavanger.

Stavangers sjøfartsmiljø, som aldri har vært tregt til å oppdage og reagere på nye strømninger, så at de nye selskapene ville trenge lagerbygninger, plass til rør, kaier og en hel rekke andre anlegg. To grupper, Smedvig Rederi og Aker, satte i gang i skarp innbyrdes konkurranse og tilbød forsyningsbaser til nykommerne.

15. desember 1965 jafset den første bulldozeren seg gjennom stenete marker i Tananger, og begynte forberedelsene for å gjøre om et veldig landskap med minkfarmer og sauer til Aker Norsco Oil Supply Base, som skulle bli Europas største på mindre enn ti år. Smedvigs Rederi etablerte Norsea-basen i Strømsteinen,

anger, preparing to change a landscape of mink farms and sheep into the *Aker Norsco Oil Supply Base*. It was to become the largest in Europe in less than ten years. Smedvig Rederi established the *Norsea Base* at Strømsteinen. Stavanger sat back to see what would happen next.

The Stavanger municipality welcomed the new industry; it would inject much needed life into the town's lagging economy. Something vital was needed to save it from the stagnation into which it had been gradually slipping. New jobs, wider horizons were essential, so the municipality encouraged and welcomed.

As a nation Norway was interested in the

At night, the construction site for the concrete giants looks like something out of a fairy tale.

og Stavanger satte seg godt til rette for å se hva som så ville skje.

Stavanger kommune hilste den nye industrien velkommen; den ville gi hardt tiltrengt, nytt liv til byens svake økonomi. Krafttiltak måtte til for å redde den fra stagnasjonen som den gradvis var i ferd med å synke ned i. Nye arbeidsplasser, større perspektiver var vesentlig, så kommunen oppmuntret og ønsket velkommen.

Som nasjon var Norge interessert i det industrien kunne føre med seg: her var en ny ressurs som kunne utvikles, en ny nasjonal rik-

wider aspects of the industry. Here was a new resource to be developed, a new national wealth to be exploited, and utmost care must be exercised to do it in the most beneficial way for Norway, now and for her future generations.

But Stavanger had worries, as well. Newspaper articles kept airing the same underlying fear, time after time: 'Would success spoil Stavanger?' Would the rapid growth of the oil industry take people away from less well-paying jobs? Would other industry die as a consequence? Would the rural districts suddenly become depopulated? Farming decline? What would happen to the fish in the North Sea?

A nagging unease seemed to be present among most Norwegians. There was something unethical about an influx of fairy tale riches without corresponding investment other than what mother nature had seen fit to deposit under the sea bed some 50–60 million years ago. Imaginations ran wild, visions of sheikh-like wealth spread and disturbed. It was not only not decent but downright unrealistic. The terms 'fairy tale' or 'adventure' were coupled with the world 'oil' and seldom was the new venture refered to as other than 'the oil adventure', spiced with a goodly degree of scepticism.

The undertaking seemed in direct opposition to Norwegian standards of modesty and unobtrusiveness, of not sticking out too far. The very scale of the operation was ostentatious and vulgar; there was a lack of decorum about the speed of sudden necessities which respected no time of day, no family life. Whoever heard of putting off a skiing vacation just to open up a warehouse in the middle of Easter? Simply because for lack of a spare part a rig would have to shut down, costing its owners incredible sums a day while it was not operating? Painfully, the vacation was put on the scales against the vast sum and was found wanting. For the moment, anyway.

Columnist Lasse of the Stavanger Aftenblad wrote about the people of Jæren expecting to swim in milk and honey, but never had they

dom som kunne utnyttes, og det måtte den største omhu til for å sikre at det ville gagne landet mest mulig både nå og i kommende generasjoner.

Men Stavanger hadde også bekymringer. Avisartikler brakte stadig frem den samme underliggende frykt: Ville fremgang ødelegge Stavanger? Ville oljeindustriens raske vekst trekke folk fra mindre godt betalte jobber? Ville dette ødelegge for annen industri? Ville landdistriktene bli avfolket? Jordbruket gå tilbake? Hva ville skje med fisken i Nordsjøen?

Det virket som nordmenn flest slet med underliggende tvil: var det ikke noe umoralsk med slike plutselige eventyrrikdommer, uten tilsvarende investering i annen form enn det naturen selv hadde funnet for godt å lagre under havbunnen? Forestillinger gikk amok – visjoner om sheikhrikdommer spredde seg og uroet. Ikke bare var det uetisk, men bent frem urealistisk; uttrykkene «eventyr» eller «vågestykke» ble koblet sammen med ordet «olje», og sjelden ble den nye industrien omtalt som annet enn «oljeeventyret», krydret med en bra porsjon skepsis.

Det hele virket som det gikk stikk imot norske idealer om måtehold og lav profil – om å ikke være for anderledes. Selve omfanget av industrien var brautende og vulgært, det var noe upassende i de presserende behovene som dukket opp uten respekt for tid på døgnet, for familieliv. Hvem hadde hørt maken: utsette en skiferie bare for å åpne et lager, midt i påsken? Simpelthen fordi en boreplattform måtte stoppe driften på grunn av en manglende reservedel, og koste eierne utrolige summer hver dag til den kom igang igjen? Det gjorde vondt å veie ferien mot kjempesummen, og finne ferie for lett. Ihvertfall i øyeblikket.

Stavanger Aftenblads petit-skribent Lasse mente at jærbuene nok hadde ventet å svømme i melk og honning, men aldri var de blitt fortalt noe som helst om å svømme i olje. Sardiner i olje visste de alt om – men dette var noe helt annet. Det hadde så absolutt sine ubehagelige sider.

Ett av problemene som måtte løses, var

been told about swimming in oil. Sardines in oil they knew all about – but this was something else. It definitely had its uncomfortable sides.

One of the problems to be solved was how on earth to get rid of all the money that would be flowing in? Easy come, easy go. Besides, there must have been many a vision of huge piles of dirty money cluttering up Norway's unpolluted open spaces. Plans began to emerge for coping with the situation: should, for example, income tax be abolished? Or, the entire population sent to Spain for a yearly free holiday?

All the oil talk aroused so much interest and speculation that when Odeco advertised to fill 35 positions on the Ocean Traveller in May of 1966, they received one thousand applications.

Yet, in spite of the fears, Stavanger did not turn into a boom town. There were no flashy American cars or wads of dollar bills peeled off to corrupt the natives, and very little immoral

Towing the Gullfaks platform out to sea.

Thousands of people commute daily between Stavanger and the Ryfylke islands, passing on their way gigantic oil field structures in the fjords.

hvordan i all verden man skulle bli kvitt alle pengene som ville strømme inn? Lett-tjent er lettbrukt. Dessuten må det ha forekommet mange visjoner om hauger av skitne penger som fylte opp Norges uberørte natur. Det dukket opp planer for å ordne opp i situasjonen – ville det for eksempel være riktig å avskaffe inntektsskatt helt? Eller, å sende hele befolkningen til Spania på gratisferie, hvert år?

Alt oljesnakket førte til så stor interesse og så mye spekulasjoner at da Odeco averterte for å fylle 35 jobber på Ocean Traveller i mai 1966, fikk de ett tusen søknader.

Men trass i alle skremmebildene ble ikke Stavanger noen gullrush-by. Det var ingen skinnende amerikanske biler, ingen bunkevis av dollarsedler strødd rundt for å ødelegge de

debauchery to speak of. Instead, solid, no-nonsense families with children arrived, spreading out in different areas of town to lead domestic lives that raised very little notice. Local business had no reason to complain but there was no exorbitant spending either.

Stavanger took its obligations in earnest. Adult education institutions offered language lessons for foreigners at all times and all levels. Greater numbers of Norwegians were taking English and French lessons than ever before, to be able to communicate with the newcomers. The Stavanger municipality, as befitting impeccable hosts, even took the trouble to have their public service employees who dealt with foreigners learn enough English to be able to conduct their business in that language. NRK, the state broadcasting corporation, granted time on the local programme for a weekly English news broadcast and Stavanger Aftenblad agreed to a twice weekly section in English.

For the arriving Americans some bewilderment followed the first exploration of grocery stores. What, no Kool-Aid? No Mexican food? No angelfood cake mix? Whatever do people eat here? Soon, the coveted articles began appearing on shelves and the later arrivals never fully realised how much they had to thank their pioneering sisters for. Why, there is even a regular supply of genuine cottage cheese to be had now.

The first company with a large amount of people ariving all at once was Odeco whose rig, the Ocean Traveller, was the first to drill for Esso. Housing was tight and Odeco approached Stavanger municipality with a request for eighteen houses. Their representative, G. H. Troxell, Jr., was shown around a new development and offered one adjoining it, which could be made available. An estate such as this one would normally take two years to complete, he was told, but considering the circumstances, no cost or effort would be spared and Odeco could take posession in one year.

innfødtes moral – og svært få orgier å snakke om. Isteden begynte det å ankomme trauste og lite oppsiktsvekkende familier med barn. De fordelte seg i de forskjellige bydelene for å føre hjemmeliv som vakte liten oppmerksomhet. Forretningsstanden hadde liten grunn til å klage, men det ble nå heller ikke slengt rundt med penger.

Stavanger tok forpliktelsene sine alvorlig. Voksenopplæringen tilbød språkkurs for utlendinger, til forskjellige tider og på forskjellige nivå. Fler nordmenn enn noen gang før tok engelsk- og fransktimer for å kunne snakke med nykommerne. Som det sømmer seg den perfekte vert, gikk Stavanger kommune til og med til det skritt å få de av sine ansatte som hadde med utlendinger å gjøre, til å lære så mye engelsk at de kunne bruke det i jobben om nødvendig.

NRK satte av tid i lokalradioen for en ukentlig nyhetssending på engelsk og Stavanger Aftenblad gikk i gang med en engelsk-spalte to ganger i uken.

For amerikanerne som ankom, førte de første ekspedisjoner til stedets kjøpmenn til en viss forvirring: – I all verden, fantes det ikke Kool-Aid? Ikke meksikansk mat? Ingen «angelfood cake mix»? Hva i all verden var det folk spiste? Snart begynte de ettertraktede varene å fylle hyllene og de som kom hit senere, forsto aldri hvor mye de hadde å takke sine pioner-søstre for – det er til og med cottage cheese å få, uten problemer, nå for tiden!

De første selskapet som brakte inn et større antall mennesker på én gang, var Odeco, hvis Ocean Traveller rigg var den første som boret for Esso. Det var vanskelig å skaffe boliger, og Odeco gikk til kommunen og ba om atten hus. Deres representant G. H. Troxell Jr. fikk se et nytt område og fikk tilbud om ett ved siden av, som kunne bli stilt til rådighet. Vanligvis ville det ta to år å bygge ut et slikt strøk, fikk han høre, men på grunn av de spesielle omstendighetene ville det ikke bli spart på innsats eller penger og Odeco kunne ta over om et år. Troxell var slett ikke imponert. Han likte stedet, husene, prisen – men ikke byggetiden.

Troxell was not impressed. He liked the place, the houses, the price – but not the time. Four months would be more like it, and he wanted an answer the next day. The deadline was staggering. Besides, this was the middle of winter in 1966 with ground frozen solid – and anyone knows that you cannot build on frozen ground.

This was when Stavanger had its first taste of the American oil industry's refusal to accept the word 'impossible'; the American know-how which, undeterred by circumstances, just goes ahead and does. If frozen ground could not be worked, why, obviously the ground had to be thawed. Flame throwers went to work and in no time accomplished just this. Eighteen houses stood ready, fully equipped, four months later on Slåtthaug, for eighteen Odeco families to move into at the end of June, 1966.

Aside from this housing estate and another smaller one for Petronord, no more attempts were made to provide group housing for the foreigners. The aim was to mingle and spread within the community as inconspicuously as possible.

Foreigners for Stavanger were no great news; the town was already internationally oriented on account of the strong family ties with the United States through emigration, and the large numbers of yearly tourists. Language problems were hardly a great hurdle, either. Most Norwegians speak English well and are more than happy to use it. So happy to use it that a roomful of Norwegians will, for example, talk all night in English without any apparent strain or impatience, for the sake of one or two non-Norwegians. And not only directly to them but among themselves as well, so that the foreigner should not feel left out. However, if the student of Norwegian launches out in his hesitant newly acquired vocabulary, it is usually met with apparent gratitude. Should his attempt peter out in a fumble for the right word and he try to lapse into the comfort of familiar English, often as not he will be met with an encouraging 'you are do-

Fire måneder ville vært bedre, og han ville ha svar neste dag. Fristen var utrolig og dessuten var dette vinteren 1966 med tele i jorden – alle vet at man ikke kan gjøre grunnarbeid i frossen jord.

Det var da Stavanger fikk sin første smak på den amerikanske oljeindustriens uvilje til å godta det umulige: Amerikansk ekspertise som, uansett omstendigheter, setter i gang og gjør. Hvis det ikke lot seg gjøre å arbeide med frossen jord, vel – da var det opplagt at jorden måtte tines. Flammekastere ble tatt i bruk og klarte akkurat det på meget kort tid. Atten hus sto ferdig, fullt utstyrt, fire måneder senere på Slåtthaug slik at atten Odeco-familier kunne flytte inn i slutten av juni, 1966.

Bortsett fra dette strøket og et annet mindre som ble bygd for Petronord, ble det ikke gjort flere forsøk på å skaffe egne strøk for utlendinger. Målet var å spre dem og integrere dem i samfunnet.

For Stavanger var ikke utlendinger så veldig nytt: Byen var allerede internasjonalt innstilt på grunn av de sterke familiebåndene med USA gjennom utvandring og de store skarer turister hvert år. Heller ikke var språkproblemene så store. De fleste nordmenn snakker utmerket engelsk og er mer enn villige til å gjøre det. Så villige at et helt selskap med nordmenn for eksempel vil snakke engelsk en kveld av hensyn til en eller to utlendinger, uten tegn på utålmodighet eller stress og ikke bare direkte til dem men også seg imellom, for at utlendingene ikke skal føle seg utenfor. Hvis én som prøver å lære norsk skulle forsøke seg nølende med sitt nye ordforråd, blir det imidlertid vanligvis møtt med tegn på takknemlighet. Dersom forsøket ender med fomling etter det rette ordet og man prøver å søke trøst i engelsk, vil man ofte bli møtt med et oppmuntrende «du klarer deg fint, bare fortsett». Dette skjer ikke bare blant venner, men også med fullstendig fremmede.

Likevel foregikk ikke møtet og blandingen helt uten problemer. En av grunnene som ofte blir trukket inn for å forklare dette, er forbundet med en myte som nordmennene sannsyn-

ing fine, just keep going'. And this not just from friends, but even total telephone strangers.

Still, the mingling and blending did not go entirely unselfconsciously. One of the reasons often given for this stems from a myth probably started by Norwegians themselves, as so aptly observed by Joan Henriksen, then of The Saga Weekly Post. Almost the first question a newcomer is asked is whether he finds Norwegians reserved and hard to get to know? The question is usually put in a half anxious, half apologetic way, or perhaps only seeks reassurance to the contrary – but in any event, the foreigner, who until that moment had not given it a thought but had been taken up instead with his own shortcomings and rather afraid of making a fool of himself in unfamiliar surroundings, would politely agree with his host that yes, Norwegians were reserved, and eventually come to accept this as Truth. After all, it came from a Norwegian, he must know!

But is it reserve, or is it perhaps something to do with living at a slower pace? Of not rushing into anything, friendships included? Granted, Norwegians do not drop in for cups of coffee in their neighbours' kitchen; if they invite the new people next door, it would be for a specific time and there would probably be flowers and candles and an elaborate table. Yet, if a Norwegian says 'you must come and visit us at our cottage next summer', the foreigner will promptly put it away with all the other 'y'all come and see us' and be amazed six months later when the invitation is confirmed and he is received with open arms. Perhaps the whole question of reserve versus openness is more a difference in style than in essence.

For many of the Americans, the time in Stavanger not only afforded an opportunity to travel but also to pick up family ties from several generations back; a surprisingly large number of the Americans in Stavanger with the oil industry have roots going back to some small fjord or valley. There are Andersons and

ligvis har skapt selv, og som Joan Henriksen, da ved avisen Saga Weekly Post, har gjennomskuet. Omtrent det første spørsmål en nykommer støter på, er om man synes nordmennene er reserverte og vanskelige å bli kjent med? Spørsmålet blir som oftest stilt halvt bekymret, halvt unnskyldende, eller kanskje bare for å forsikre om det motsatte – men i alle tilfeller vil utlendingen, som slett ikke hadde skjenket det en tanke, men derimot vært opptatt av sine egne mangler og litt redd for å opptre dumt i ukjente omgivelser, høflig si seg enig med verten og med tiden godta det som Sannhet.

Men er det reserverthet, eller har det kanskje noe å gjøre med et langsommere tempo? Det er ikke nordmenns vis å stupe ut i noe, heller ikke vennskap. Nordmenn stikker ikke innom for en kopp kaffe i naboens kjøkken; hvis de inviterer naboene er det til avtalt tid og sannsynligvis med blomster og lys og et velstelt bord. Men likevel, hvis en nordmann sier «du må komme og besøke oss på hytta til sommeren» vil utlendingen øyeblikkelig oppfatte det som en slags høflighetsfrase – «Y'all come and see us» – og bli overveldet seks måneder senere når invitasjonen blir bekreftet og man blir mottatt med åpne armer. Kanskje er hele spørsmålet om reserverthet eller åpenhet mer en forskjell i stil enn i innhold.

For mange amerikanere betyr tiden i Stavanger ikke bare en mulighet til å reise, men også til å ta opp igjen familiebånd fra mange generasjoner tilbake. Det er forbausende mange av oljeamerikanerne som har røtter i en liten fjord eller dal. Det er en rekke Andersons og Vinjes og Johansons, og mange har undersøkt slektshistorien og fylt igjen hullene i sin arv. Om det nå ikke var noe felles språk, var det alltid familiefotografier å glede seg over sammen, eller kanskje en erindring om smaken av en norsk kake fra barndommen. I hvert fall én amerikansk kvinne har med stolthet sydd seg bunad fra forfedrenes distrikt og dermed festnet sine egne røtter, sting for sting.

Om personlige forhold måtte over visse hindere, gjaldt det også for industrien. Selskape-

The new Stavanger airport at Sola.

Vinjes and Johansons galore, many of whom have looked into their past and filled out gaps in their heritage. If there was no common language, there were always the family photographs to share, or the remembered taste from childhood of some Norwegian cake perhaps. At least one American woman has proudly made herself the traditional *bunad* of her ancestors' district, sewing down her roots, stitch by stitch.

If personal relationships had some hurdles to overcome, so did industrial ones. The companies' negotiations with Norwegian authorities were long and detailed; the stakes were high. For the first time, the oil industry encountered

nes forhandlinger med norske myndigheter var lange og detaljerte: innsatsen var høy.

For første gang støtte olje-industrien på en fullt utviklet industrinasjon under letingen etter olje og gass. En nasjon hvor myndighetene mente de var kompetente til å gjøre seg opp meninger om akkurat hvordan og på hvilke betingelser oljen deres skulle utvinnes. Utlendingene hadde kanskje en masse erfaring, men når alt kom til alt var deres olje, deres sjø, og deres barnebarns fremtid noe som angikk dem. Nykommerne, på den annen side,

Cookie baking time for the junior class of The Children's House. Teacher Eva Marie Sundal and Niels Jakeman look on as Amanda Reppert stamps out a cookie. Kari Farsund, Tracy Bjelland, Jim Rudser and Barbro Tvedt wait for their turn.

a fully developed, industrialised nation in the quest for oil and gas, a nation where the authorities felt they were competent to take a stand over just how and under what conditions their oil was to be exploited. The foreigners may have lots of experience they felt, but after all, it was their oil, their sea, and the future of their grandchildren was their own concern. The expatriates themselves, on the other hand, felt impatient at delays, at changes in regulations – they had done all this before.

Which, in turn, led to a full scale rivalry between Practical Experience vs. Theoretical Schooling. Norway, with centuries of experience in ships and in the ways of the sea, felt that oil exploration and production should be just another subject to be learned and mas-

var utålmodige over forsinkelsene over endringer i regler – de hadde gjort alt dette før.

Dette førte med tiden til åpenlys konkurranse mellom Praktisk Erfaring og Teoretisk Opplæring. Norge, med århundrelang kunnskap om sjøfart og havets natur, syntes at oljeleting og -produksjon simpelthen burde være et nytt fag som kunne læres og mestres med fornuft. Rogaland Distriktshøyskole og Stavanger Maskinistskole begynte å tilby kurs i forskjellige sider ved prosessen, og sendte ut tek-

177

tered rationally. The Stavanger District College and the Stavanger Marine Engineering College both began offering courses in different aspects of the operation and releasing technicians with signed diplomas to take up responsibility on the rigs. The reaction of the 'old timers' was sceptical, to say the least. They had started as young boys carrying sacks of cement, learning by feel and experience and gradually ascending to positions where the safety of close to a hundred men and millions of dollars of equipment depended on the right decision made in a matter of seconds, sometimes almost by instinct. How could someone with a diploma and a pocket calculator ever come even near to matching that? The scars he carried and the odd missing finger joint — they didn't come from sitting behind a desk — he was out there, on the spot!

Along with the men who knew about oil came their families. Their children were to go through a minimum of change and upheaval; they were taken up by a school and a system of education very much like what they had come from, either in the U.S. or another American school overseas.

The Stavanger American School was founded in August of 1966 by three companies in the oil industry: Phillips, Esso and Odeco, to provide a kindergarten through grade 12 education for their employees' children. Representatives of the companies formed a Board of Directors which continues to handle the administration of the school.

SAMS, as the school is called, began its life with a student body of 50 and a faculty of four teachers, all crammed together in three rooms of an old wooden building, plus two rooms in a nearby school.

Two years later, with some 80 students and a new director, the school moved to a complete wing of the Eiganes school and shared sports facilities there.

By 1972 the student body had increased to 100 and again outgrew its premises. The faculty was increased to 16 and most of the el-

nikere med fine diplomer for å ta ansvarsfylte jobber på plattformene.

De erfarnes reaksjon var skeptisk, for å si det mildt. De var begynt som smågutter, med å bære sementsekker, hadde lært underveis og fått erfaring, og var gradvis lært opp til jobber hvor bortimot hundre manns sikkerhet og utstyr for millioner dollar avhang av en riktig beslutning i løpet av sekunder, noen ganger tatt mest på grunnlag av instinkt. Hvordan kunne folk med et diplom og en lommekalkulator noensinne overhodet komme i nærheten av å måle seg med det? Arrene, og én og annen avkappet fingertupp – det var ikke resultatet av å sitte ved et skrivebord nei – han var der ute, på stedet!

Sammen med mennene som hadde greie på olje, kom familiene deres. Barna skulle bli utsatt for minst mulig forandring og ubehag: De ble tatt opp i en skole og et utdannelses-system som var svært likt det de var kommet fra, enten i USA eller i andre amerikanske skoler i utlandet.

Stavanger American School ble etablert i august 1966 av tre olje- og oljetilknyttede selskaper – Phillips, Esso og Odeco, for å gi de ansattes barn undervisning fra førskolestadiet til 12. klasse. Representanter for selskapene dannet et styre som fortsatt tar seg av skolens administrasjon.

SAMS, som skolen blir kalt, startet med 50 elever og fire lærere, som ble stappet sammen i tre værelser i en gammel trebygning og to rom i en skole i nærheten.

To år senere, da skolen hadde rundt 80 elever og en ny rektor, flyttet den til et eget bygg på Eiganes Skole, og fikk adgang til å bruke sportsanleggene der.

I 1972 var elevtallet gått opp til 100 og var igjen for stort for lokalene. Lærerstaben ble øket til 16 og de fleste lavere klassene ble flyttet til Kvaleberg Skole, slik at bare de seks øverste ble igjen på Eiganes. For første gang hadde skolen fått så mye plass at hver klasse kunne være for seg selv, en stor lettelse for de som hadde måttet dele klasserom.

Til da hadde skolen i likhet med de fleste

Second graders at the French School enjoying lunch. Clockwise from bottom left: Thomas Gancarski, Elodie Clement, Lorraine Jourdan, Emilie-Adrien Leporcher, teacher Nicolas Gilling, Donan Raven and Benjamin Laurent.

ementary grades were moved to Kvaleberg School, leaving the high school at Eiganes. For the first time, the school had sufficient space for all classes to be separate, a great relief from the two or three which had to be combined in one room before.

Until this time the school, as well as most other things connected with the oil industry, had been keeping a wait-and-see attitude. But then, in 1971 and 72 two big oil finds were confirmed and there was no holding back. SAMS had to expand again. With the appointment of a new director, Miles H. Lovelace, who threw himself wholeheartedly into the challenge of growth, of creating a bigger and

andre som var tilknyttet oljeindustrien, hatt en «vent-og-se» innstilling, men i 1971 og 1972 ble to store oljefunn bekreftet og da begynte utviklingen for fullt. SAMS måtte utvide igjen. Det ble ansatt en ny rektor, Miles H. Lovelace, som energisk møtte utfordringen med å skape en større og bedre skole. SAMS flyttet igjen, og ble nå spredd over fire forskjellige lokaliteter.

På åtte år hadde Stavanger American School

Priscilla Hines brings Postman Pat alive for pre-schoolers at the Stavanger American School – now renamed the Stavanger International School. Clockwise from teacher: Carrie McMillan, Jessica Stone, Jackie Brader, Alec Bosko, Tara Sample, Jeri Parker, Tilden McKean, Dain Buck, Hayley Hasz, Paul Duevel, James Curry, Nathan Olson and Jordan Weber.

At the Stavanger British School 8 and 9 year olds gain the agility to do mental mathematics with the help of computers. From left to right: Paul Foote, Janette Harding, Gilian Lovie and Jennifer Warwick.

better school, SAMS moved yet again, this time spread over four different campuses.

Within eight years, the Stavanger American School had reached an enrolment of 500 stu-

dents to become the largest American school in all of Scandinavia and became accredited by the European Council of International Schools, confirming its high standards. It became a school whose graduates would almost all go to university and do better than average there; whose sports teams, model United Nations teams and clubs travelled extensively in Europe; whose drama group played to full

Right: Kathleen Tyrrell signing yearbooks.

Science is fascinating at the Stavanger American School if you can get your hands on it. In the foreground: Pauline Hoffman and Tosin Arasi. In the background: Catherine Ricket and Guilherme de Oliveira.

houses every year. A school to be proud of, students agreed.

The years of divisions between as many as four different campuses were finally over in 1982, when more than five years of planning and construction were made reality in the shape of a school that would contain all the activities and students of SAMS under one roof.

On a campus of about 70,000 square metres – some 14 acres – with close to 10,000 square metres indoor space, SAMS' new complex at Revheim was cause for well deserved pride. The facilities include every requisite of a comparable school in the United States and are the result of long and careful attention to each detail by a team of professionals. The results are bright, spacious and functional.

Financed 25% by the Stavanger municipality and the rest by the oil companies, the total cost of the finished school is calculated around one hundred million Norwegian kroner, or some 14 million dollars, under the arrangement that the school is guaranteed the use of the building for a minimum of fifteen years, extendable by five-year periods for as long as they need it, after which it will be presented to the city of Stavanger, free of charge.

With the passing of years, the student body at SAMS became ever more international. To reflect this trend, it was decided to change the name of the school in 1990 to "International School of Stavanger".

The smaller Stavanger British School, established in 1977, also moved into their own new premises at Gausel. With a student body of around 150 children – most of them British but also including a Dutch stream – the school offers pre-school and primary education for children who will continue their education in British or Dutch schools elsewhere or continue with the newly added British curriculum at the International School of Stavanger.

While the men became immersed in work which was much the same whether in Singapore or Norway, coming home at night to

nådd opp i 500 elever og var blitt den største amerikanske skolen i Skandinavia; den ble akkreditert av det europeiske rådet for internasjonale skoler, noe som bekreftet skolens høye standard. Den var blitt en skole som sender nesten alle sine artianere videre til universiteter, hvor de klarer seg bedre enn gjennomsnittet. En skole hvis sportslag, Modell-FN grupper og klubber reiser Europa rundt og med en teatergruppe som spiller for fulle hus hvert år. Kort sagt; en skole å være stolt av.

Årene da skolen var spredd på opptil fire forskjellige steder, tok endelig slutt i 1982. Da ble mer enn fem års planlegging og bygging til en skole som rommer alle SAMS' aktiviteter og studenter under ett tak.

På et sytti måls område med bortimot ti mål flate under tak, var det nye SAMS-anlegget på Revheim virkelig noe å være stolt av. Anlegget møter alle krav som blir stilt til en tilsvarende skole i USA, og er resultatet av det nitide arbeidet som en gruppe fagfolk har utført gjennom lengre tid. Resultatet er en lys, rommelig og praktisk skole.

Stavanger kommune har bidradd med 25 prosent av finansieringen, og oljeselskapene med resten. Totalkostnaden på skolen er beregnet til rundt 100 millioner kroner, eller 14 millioner dollar. Vilkårene for finansieringen var at SAMS er garantert bruk av skolen i minst femten år, og kan forlenge tiden med femårsperioder så lenge de ønsker. Deretter vil den bli overlevert til Stavanger by, uten vederlag.

Studentmassen på SAMS ble stadig mer internasjonal med årene. For å speile dette ble det vedtatt å endre skolens navn i 1990 til «International School of Stavanger».

Stavanger British School er mindre. Den ble opprettet i 1977, og er også flyttet inn i et eget, nytt kompleks, som ligger på Gausel. De fleste av de rundt 150 barna er britiske, men skolen har også en nederlandsk avdeling. Den fungerer som grunnskole for barn som skal fortsette sin utdannelse på britiske eller nederlandske skoler andre steder.

Mens mennene ble oppslukt av arbeid som

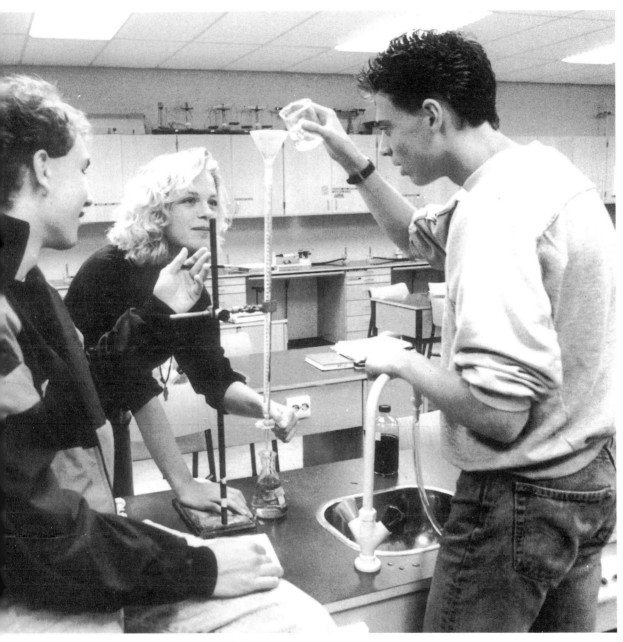

Jon Ellingson, Julie Anderson and Paul Kaiser in the foreground, involved in a chemistry experiment at the International School of Stavanger. Sage Jaught is in the background.

families and home routines which were much the same as well – and while the children became involved in the school's ready-made American environment, it was the women who were to start from the beginning, to create a home for their families and a life for themselves in a new place where everything was unfamiliar.   Customs of many years had to be established in a matter of weeks; butchers to be found, hairdressers, doctors, dentists.

var omtrent det samme enten det nå var i Singapore eller Norge, og kom hjem om kvelden til familier og hjemlige rutiner som også stort sett var de samme – og mens barna ble

Where to get shoes soled and where to find a plumber? The veterans who had done this many times before could roll up their households in the carpets with apparent ease and simply unroll them at the next place, taking up their lives with hardly a beat missed. Their family is their home, the place is immaterial. But the ease is more to do with the mechanics of moving. Cheerfulness is the oil wives' stock in trade, yet most will admit that there is a price to be paid for the life of a nomad – paid for in separation from family and friends, even children sometimes; paid for by missing out on careers of their own. To compensate for this, a solidarity between the wives develops, forming close friendships in a short time which can last in spite of countless moves and can be taken up perhaps ten years later on a different continent, as if they had seen each other yesterday.

Many of the early arrivals to Stavanger spent frustrating months in a hotel, hoping for a house to turn up. There were small children to be pressed into acceptable hotel behaviour and disappointments which a sense of humour helped to bear. Such as the one who finally found a house whose owners were getting a divorce, to be told a few days later that the deal was off, the couple had patched it up. In fact, at one stage the misery was so great that a 'crying towel' system operated at the hotel: a towel was passed around on the principle that if they were going to cry, they might as well do it properly.

But crying towels outgrow their uses and as a more practical alternative, the Petroleum Wives' Club was formed by a group of twenty women towards the end of 1970, to provide companionship, help newcomers and serve as a general safety net for that transition period while the gap between past and present was being bridged.

What began as a small, fairly informal group with frequent social occasions, grew into a large international club with a complex organization and a range of activities so exten-

involvert i skolens ferdiglagede amerikanske miljø, var det kvinnene som måtte begynne på nytt, skape et hjem for familien og et liv for seg selv på et nytt sted hvor alt var ukjent.

Mange års rutiner måtte etableres på noen få uker – forretninger, friserdamer, leger, tannleger. Hvor får man halvsålet sko, hvor finner man en rørlegger? Veteranene som hadde gjort dette mange ganger før, kunne rulle opp husholdningene sine greitt i teppene, så det ut til, og simpelthen rulle det hele ut igjen på neste sted, hvor de så gjenopptok sine liv nesten uten avbrudd – familien er hjemmet deres, stedet mindre viktig. Men rutinene har mest med flytteteknikk å gjøre. Godt humør er oljekonens særmerke, men likevel vil de fleste innrømme at det er en pris som må betales for nomadelivet – med å være adskilt fra familie og venner, til og med fra barn til tider; med å oppgi egne utviklingsmuligheter. Som kompensasjon for dette utvikler det seg et fellesskap blant konene som etablerer vennskap på kort tid – vennskap som kan være varige trass i utallige flyttinger og kan bli gjenopptatt kanskje ti år senere på et annet kontinent.

Mange av de første som kom til Stavanger, tilbrakte frustrerende måneder på hoteller mens de håpet å finne hus. Det var et liv med småbarn som måtte presses inn i oppførsel som var akseptabel under hotellforhold og med skuffelser som en sans for humor hjalp til å overkomme – for eksempel den kvinnen som endelig fant et hus hvis eiere skulle skilles, for å bli fortalt et par dager senere at det ikke ble noen handel, – eierne var blitt venner igjen! Faktisk var elendigheten så stor på ett tidspunkt at et «gråtehåndkle»-system ble benyttet på hotellet. Et håndkle ble sendt rundt med den tanke at hvis de nå først skulle gråte, kunne de likeså godt gjøre det skikkelig.

Men gråtekluter har sin begrensning og som et mer praktisk alternativ ble Petroleum Wives Club dannet av en gruppe på tyve kvinner høsten 1970, for å gi fellesskap, hjelpe nyankomne og tjene som et generelt sikkerhetsnett for den overgangsperioden hvor kløften mellom fortid og nåtid må overvinnes.

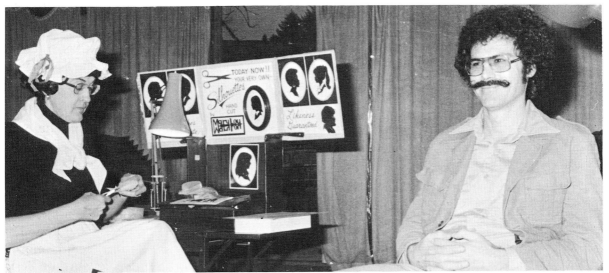

Mary Lou Russell cutting silhouettes during PWC Carnival.

sive and so attractive that the most frequent complaint from members had to do with there not being enough hours in the day to do all that they would like to do. There are arts and crafts of a dozen different types, language classes, book discussion groups, bridge and other games, skating, square dancing, gymnastics, cooking, tours in and out of Norway, dances, flea markets, children's activities — the sound idea behind it all being that there is nothing like being busy to keep from getting lonely or homesick.

While fulfilling this purpose admirably, the PWC also works to raise money for philantropic purposes.

Although the English speaking foreign community is the largest one, it is by no means the only one. Elf's Frenchmen were in town as early as 1967 — a handful of men come to appraise the prospects. The prospects proved interesting. In 1972 Elf was awarded the development of the Frigg field and by '83 the French community had grown to some three hundred families.

Their problems were different, but no fewer. True, they were closer to home but the isolation from the local culture was even greater, for while many Norwegians speak English,

Det som begynte som en liten og forholdsvis uformell gruppe med en rekke selskapelige sammenkomster, var i 1979 vokst til en internasjonal klubb med over 600 medlemmer, med en stor administrasjon og et utvalg av aktiviteter som er så omfattende og så innbydende at medlemmenes mest vanlige klage går på at dagen ikke har nok timer til å gjøre alt de gjerne vil. Det er brukskunst og håndverk i mer enn et dusin varianter, språktimer, grupper som diskuterer bøker, bridge og andre spill, kunstløp, square-dancing, gymnastikk, matlaging, reiser både i og utenfor Norge, danseaftener, loppemarkeder, aktiviteter for barn. Den meget fornuftige idéen bak alt dette er at det er ingenting som hjelper bedre mot ensomhet og hjemlengsel enn å være travelt opptatt.

Mens PWC tar seg av disse oppgavene på beundringsverdig vis, arbeider klubben også for å skaffe penger til veldedige formål.

De engelsktalende er riktignok i flertall, men de er langt fra den eneste utenlandske gruppen. Elfs franskmenn kom til byen allerede i 1967 — den gang var det et par stykker som ble sendt hit for å undersøke mulighetene.

Mulighetene var lovende, viste det seg. I 1972 fikk Elf tillatelse til å bygge ut Frigg-feltet; i 1983 var den franske gruppen i Stavanger vokst til rundt tre hundre familier.

Problemene de hadde, var anderledes — men

only a few speak French. The men of the French community are used to speaking English at work but not so the women. Because of this, social contact is often restricted. But still, most of the community's language difficulties pale beside the really significant one: the sad lack in Stavanger of things dear to a French stomach.

In the very early days a few French children – and some brave mothers – struggled through correspondence courses in a borrowed room at the Catholic Church in town. By 1972 they had their own school accommodating 27 children between the ages of 5 and 15 in four rooms of the Kampen School building, taught by professionals trained especially to teach in French schools overseas. In eleven years the student body had grown to 250 children, all the way from three year old kindergartners to 18 year old baccalaureate candidates.

In time, and with the aid of the French Embassy in Oslo, a Cultural Centre opened its doors to French and Norwegians alike, providing among other things a library, films, French TV programmes and news on video, guest speakers and entertainers. A newcomers' welcome group – Stavanger Acceuil – was formed in 1981 to help ease the transition for the women, operating in a smaller way but along much the same lines as the petroleum Wives Club.

Much of the French community are avid tennis and squash players, but the leisure activities of real dedication are focused around food. Dinner parties are frequent – often sumptuous four-course meals likely as not cooked by the man of the house. Edibles are brought back from business trips to France on the weekly Elf charter flight from Paris; the men can be seen emerging with meters of bread sticking out from briefcases and under their arms, but it is probably only a rumour that you can smell all the cheese before the plane even lands. They take pleasure in nature and who is to say if, when a Frenchman sees a plump bird, he perhaps pictures it on a platter

like store for det. Selv om de var nærmere hjemlandet, var de enda mer isolert fra lokalkulturen. For mange nordmenn snakker engelsk, men bare noen få kan fransk. De franske mennene var vant til å snakke engelsk i arbeidet, men ikke kvinnene. Dette gjør det ofte vanskelig å få sosial kontakt. Men uansett virker de fleste av koloniens vansker ubetydelige, sammenlignet med den helt store: Stavangers mangel på de varene som franske mager setter så stor pris på.

Helt i begynnelsen slet noen få franske barn – og enkelte tapre mødre – med korrespondansekurs i et lånt rom i den katolske kirken. I 1972 fikk de sin egen skole, med 27 barn mellom 5 og 15 år. De holdt til i fire klasserom på Kampen skole, og fikk undervisning av lærere som hadde fått spesiell trening i å undervise på franske skoler i utlandet. På elleve år vokste elevtallet til 250 – på alle trinn fra treåringer i barnehagen til atten år gamle artiumskandidater.

Med tiden, og med hjelp fra den franske ambassaden i Oslo, åpnet et kultursenter dørene for både franskmenn og nordmenn. Det tilbyr blant annet et bibliotek, filmer, franske fjernsynsprogram og nyheter på video, gjesteforelesere og artister. I 1981 ble det dannet en egen mottaks-gruppe – Stavanger Acceuil – for å hjelpe kvinnene å finne seg til rette. Den driver i mindre målestokk, men er ellers temmelig lik Petroleum Wives Club.

Mange av de franske er ivrige tennis- og squash-spillere. Men de beste fritids-syslene har med mat å gjøre: det er mange middagsselskaper i kolonien, ofte overdådige firerretters affærer som like godt kan være tilberedt av husets herre. Matvarer blir brakt inn fra forretningsreiser til Frankrike, med det ukentlige Elf-charterflyet fra Paris. Vi ser menn komme ut av flyet med franskbrød i metervis stikkende ut fra mapper eller under armen, men trolig er det bare noe de sier at du kan lukte osten – før flyet er landet. Franskmennene er naturelskere. Om de nå får øye på en velfødd fugl, kunne det vel ikke tenkes at de så den for seg på et fat, omgitt av grønnsaker? De vand-

surrounded by vegetables? They walk and boat, hunt and fish, collect mussels and vast amounts of mushrooms – never divulging their sources, not even when leaving the country. Who knows, they could be back one day?

As to the unfolding drama of Norwegian oil, in spite of all the build-up, nobody knew for sure whether any of the preparatory investment and work would come to anything, or it would fizzle out in yet another false lead. Until early 1971, when the Phillips group announced triumphantly that a commercially viable find had been made in the *Ekofisk* field. Just over a year later, Elf declared the *Frigg* field commercial and activity started in earnest.

Just as Stavanger municipality had encouraged the oil companies to set up their bases here, they once again entered a stiff competition with the cities of Bergen and Trondheim for the location of *Statoil*, the state oil company, and the Petroleum Directorate, the government control and administration organ for activity on the Norwegian continental shelf. The oil industry had provided the jobs and the vitality to the economy that the local authorities had hoped for; the presence of the two government agencies would provide long term security for this growth.

Stavanger won again. In early 1972 the Department of Industry suggested that Statoil and the Petroleum Directorate establish their headquarters in Stavanger.

A gradual build-up of service companies and associated firms followed. The supply bases were repeatedly extended until Norsea outgrew Strømsteinen altogether and moved to Dusavik, along with Phillips and Elf, who had new offices there. Local industry gradually adjusted to catering to the oil business. Hotels were finding it hard to keep up with the demand for space; by 1977 one third of their business was with the oil industry. Sola airport saw increasing numbers of travellers and the unused military airport at Forus, built by the Germans during World War II, was put into

rer og driver båtsport, de drar på jakt og fiske, plukker blåskjell og sopp i mengder – uten noensinne å røpe sine spesielle steder, selv når de forlater landet. Hvem vet – kanskje de kom tilbake hit en vakker dag?

Tilbake til dramaet om den norske oljen: trass i all satsingen visste ingen om noen av de innledende investeringene og arbeider ville gi resultater, eller dø hen i nok et mislykket forsøk. Inntil begynnelsen av 1971, da Phillips-gruppen triumferende annonserte at det var gjort et drivverdig funn på Ekofisk-feltet. Og så, litt over et år senere, erklærte Elf Frigg-feltet drivverdig, og virksomhetene tok til for alvor.

Akkurat som Stavanger kommune hadde oppmuntret oljeselskapene til å etablere sine baser her, kastet den seg nå ut i hard konkurranse med Bergen og Trondheim om hvor det statlige oljeselskap og Oljedirektoratet skulle plasseres, statens kontroll- og administrasjonsorganer for den virksomheten som raskt skulle etableres på den norske kontinentalsokkelen. Olje-industrien hadde gitt de arbeidsplasser og det liv i økonomien som lokale myndigheter hadde håpet på, og de to stats-institusjonene ville gi langtids-garantier for slik vekst.

Stavanger vant igjen. Tidlig i 1972 foreslo Industridepartementet at Statoil og Oljedirektoratet skulle etablere sine hovedkontorer i Stavanger.

Så fulgte en gradvis oppbygging av service-firmaer og tilknyttede selskaper. Forsynings-basene ble stadig vekk utvidet, helt til Norsea ble alt for stor for Strømsteinen og flyttet til Dusavik, sammen med Phillips og Elf, som fikk nye kontorer der ute. Lokal industri tilpasset seg etterhvert olje-industriens behov.

Hotellene hadde problemer med å skaffe nok plass: I 1977 var en tredjedel av alle gjester tilknyttet oljeindustrien. Gjennom Sola lufthavn kom det stadig flere reisende, og den forlatte militærflyplassen på Forus som tyskerne hadde bygd under den annen verdenskrig, ble til en travel heliport, i bruk nesten døgnet rundt for å betjene plattformene i Nordsjøen.

use as a busy heliport serving North Sea platforms almost round the clock. More hotel capacity and a new airport terminal followed.

The initial fears that the industry would rob manpower from other fields proved unfounded; the changes were hardly felt. So did predictions of being overrun by foreigners – Norwegians are taking ever increasing part: by 1978 less than a quarter of the almost 9000 total employees in the industry were foreigners and by mid '82 it had gone down to under 7%.

In addition to the activity in the North Sea, 1972 saw the Ekofisk tank grow and take shape at Hillevåg, just outside of town. The tank, looking deceptively airy and graceful, is said to have led one English tourist, prepared for anything from Americans, to take a second look and exclaim: 'they are bulding a castle on the water out there!'

When finished, the enormous concrete structure was towed out into the North Sea and placed on location, where it is capable of taking in three days' oil production for storage at a time.

Following the Ekofisk tank, another huge enterprise was to take place in Stavanger: the building of the Condeep platforms. *Hinnavågen* was turned into a major construction site for Norwegian Contractors and Aker Offshore Contracting, who at peak times employed as many as two thousand men. The agreement with the municipality had been that when construction was over, a marina would be left as a thank you note. However, this date keeps being pushed back, with more construction orders for the gigantic Condeeps coming in.

The initial phase of the construction work takes place at the docks in Hinnavågen and then, when the structures reach a certain stage, they are towed out into the middle of *Gandsfjorden* where they sit, their three (or four, as the case may be) columns pointing skywards from a base of concrete cells. A hive of activity that looks like an enchanted castle at night, lit up and glittering, golden sparks of fire showering down from invisible welding

Den opprinnelige frykten for at oljeindustrien skulle ta arbeidskraft fra andre sektorer viste seg ubegrunnet, det ble ikke store virkninger. Like ubegrunnet var frykten for å bli oversvømmet av utlendinger, – nordmennene tar over en stadig større del av jobbene, i 1978 var mindre enn en fjerdedel av de nesten 9000 som er tilknyttet industrien, utlendinger. Sommeren 82 var det sunket til under syv prosent.

I tillegg til virksomheten i Nordsjøen skjedde det i 1972 at Ekofisktanken vokste og tok form i Hillevåg, like utenfor byen. Denne tanken, som ser usannsynlig lett og elegant ut, skal ha fått en engelsk turist – forberedt på hva det skal være når det gjelder amerikanere – til å kikke nøyere for så å utbryte «jøss, de bygger et slott ute på vannet der!»

Da den var ferdig, ble betong-kolossen tauet ut i Nordsjøen og satt ned på feltet, hvor den har kapasitet til å lagre tre dagers oljeproduksjon.

Etter Ekofisk skulle en annen stor oppgave bli utført i Stavanger – byggingen av Condeep-plattformer. Hinnavågen ble til et svært byggeområde for Norwegian Contractors og Aker Offshore Contracting. Disse selskapene hadde hovedansvaret for prosjekter som på det travleste sysselsatte opptil to tusen mann. De fleste bodde i brakker på området. Avtalen med kommunen gikk ut på at når byggetiden var over, skulle det bli lagt igjen en båthavn som en liten hilsen og takk. Men tidsfristen blir stadig forskjøvet fremover, ettersom det kommer inn flere bestillinger på de svære Condeep-strukturene.

Første fase av byggingen foregår i dokken i Hinnavågen. Når så strukturen har nådd en viss størrelse, blir den tauet ut på dypere vann hvor den blir liggende med de tre (eller fire) stadig lengre skaftene pekende mot himmelen. Den ser ut som et eventyrslott om natten når den er flombelyst og glitrende, med gyllent gnistregn fra sveiseflammer, lik kaskader av fyrverkeri. Condeepene kan også virke uhyggelige, særlig på regndager når søylene kommer frem gjennom tåken lik skorstenene

torches like bursts of fireworks. The Condeeps have their sinister side too, especially on rainy days when the columns emerge from the mist transformed into chimneys of some secret underwater factory where dire goings on must be in progress – a puff of green smoke out of the chimneys would not be at all surprising! This fearful Condeep is fed at regular intervals with new shifts of men arriving by the boatload, the used workforce filling up the return journey.

While the concern over the social effects of the oil industry began to wane, the one about the environment was deep as ever. Safety was at the top of the list of priorities for the Norwegian government; safety for the men working out in the fearsome North Sea, and safety for the North Sea itself. The terms 'blow-out' and 'oil-spill' became nightmare material.

The nightmare became reality in the summer of 1977. An uncontrolled blow-out on Phillips' Bravo platform on Ekofisk spewed oil into the sea, bringing frightening facts of unpreparedness for emergency home to the Norwegian people and their government. It also brought Stavanger into the consciousness of people all around the world as the hundreds of newsmen who inundated Sola airport sent their messages back home.

The blow-out, caused by human error in securing a relief valve, was brought under control. Stavanger Aftenblad's headline read 'Bravo!' and Norway breathed a sigh of relief and gratitude: no lives were lost, no lasting damage from pollution was suffered. At the cost of a few weeks of lost production and the fees of the experts who were brought in to bring the well under control, the entire system of coping with emergencies was reexamined and, in many cases, changed. New equipment was ordered, tighter security laws were passed, a lot of experience was gained relatively cheaply.

As the Bravo episode brought with it a heightened awareness of the need for environmental protection, it in turn brought political

til en eller annen hemmelig undervannsfabrikk hvor det sikkert skjer skumle ting – et blaff av grønn røk fra skorstenene ville ikke være det minste overraskende! Denne fryktinngydende Condeep'en blir regelmessig matet med nye skift av arbeidere som ankommer i båt.

Mens bekymringene for de sosiale virkningene av oljeindustrien er begynt å gi seg, er de som gjelder miljøet, stadig like sterke. Sikkerhet ble gitt topp-prioritet av den norske regjeringen – sikkerheten til arbeiderne ute i den uberegnelige Nordsjøen. Uttrykkene utblåsning og oljesøl ga mareritt-assosiasjoner.

Marerittet ble virkelighet sommeren 1977. En ukontrollert utblåsning på Phillips' «Bravo»-plattform på Ekofisk ga skremmende bevis på manglende beredskap i nødsituasjoner. Den brakte også Stavanger i søkelyset jorden rundt, da hundrevis av journalister som hadde oversvømmet Sola lufthavn, sendte sine meldinger hjem.

Utblåsningen, som skyldtes menneskelig svikt ved påsetningen av en sikkerhetsventil, ble brakt under kontroll. Stavanger Aftenblads overskrift lød «Bravo!» og Norge trakk et sukk av lettelse og takknemlighet; ingen liv var gått tapt, det skjedde ingen skade på grunn av forurensning. For en pris på noen få ukers tapt produksjon og honorarene til ekspertene som ble kalt inn for å få brønnen under kontroll, ble hele beredskapssystemet revurdert og i mange tilfeller forandret. Nytt utstyr ble bestilt, strengere sikkerhetsforskrifter ble vedtatt. En god del erfaring var vunnet, forholdsvis rimelig.

Fordi «Bravo»-episoden skapte en sterkere bevissthet overfor betydningen av miljøvern, førte den også til politisk strid. Debatten om utforsking nord for den 62. breddegrad hadde vært i gang i årevis; spørsmålet var ikke så mye om, som når? Saken var det som sterkest splittet de sosialistiske og ikke-sosialistiske partiene ved Stortingsvalget i 1977, som kom like etter Bravo-ulykken og ga sosialistene makten med minimal margin og derved utsatte boring nord for 62°.

THE ULA FIELD

HRH Crownprincess Sonja (centre, left), former Prime Minister Gro Harlem Brundtland and former Mayor of Stavanger Kari Thu (right) among other officials at the opening of an ONS Exhibition.

controversy. Debate about exploration north of the 62nd parallel had been going on for years; the question was not so much if, but when? The issue was the strongest division between the socialist and the non-socialist parties in the parliamentary elections of 1977 which followed shortly after the Bravo accident. It brought the socialists to power by a hair, thus putting off drilling above the 62nd for an unspecified time.

In 1974 Stavanger was host to the huge Offshore North Sea Exhibition and received visitors (in hotels, barracks, anchored ships and private homes) from all over the world. Siddishallen, the ice skating rink cum exhibition hall and other great halls were filled with every

I 1974 var Stavanger for første gang vert for den veldige Offshore North Sea Exhibition og tok imot gjester (i hoteller, brakker, skip og private hjem) fra alle kanter av verden. Siddishallkomplekset, som nå omfatter fire store haller, og andre midlertidige plasthaller ble fylt med all slags utstyr for oljeindustrien. Oppgløddе representanter for omtrent hvert eneste selskap som har noe med industrien å gjøre, var opptatt av å spre informasjon om sine produkter. I Stavangers langsomme og gjennomtenkte liv blomstret dette markedet preget av salgsmanøvrer og stress i plastikkom-

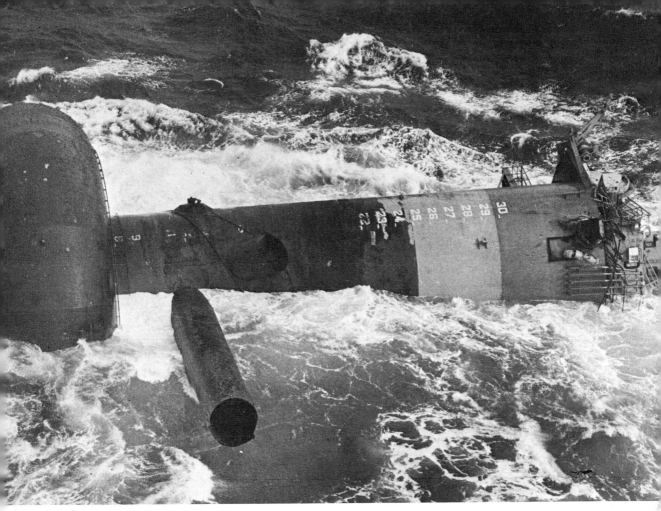

The severed leg of the 'Alexander Kielland' platform.

kind of equipment imaginable relating to the oil business. Keyed-up representatives for just about every company which deals with any part of the business were on hand, dispensing information about their products; ready to charm, to convince, to sell. Within Stavanger's slow paced and well considered life, a wheeling-dealing, high tensioned, plastic enclosed 'cattle market' flourished for a week, then disappeared – leaving the locals slightly breathless and mostly grateful for the regained peace. In fact, columnist Lasse of Stavanger Aftenblad had been fervently hoping for bad weather during the oil show of '74, since, as he pointed out, if the 7–8000 visistors experienced beautiful summer weather, they would all either immediately settle down here, or return yearly ever after – and then where would Stavanger's rightful heirs be? All this oil is very well, but . . . The ONS became a regular two-yearly

givelser i en uke, for så å forsvinne og etterlate de innfødte litt andpustne og for det meste takknemlige for den gjenvunne freden. Faktisk hadde Stavanger Aftenblads petit-skribent Lasse håpet på dårlig vær for oljemessen i 1974 fordi, som han påpekte, dersom de syvåtte tusen gjestene skulle få oppleve deilig sommervær, ville de alle øyeblikkelig ønske å slå seg til her eller komme igjen hvert eneste år fremover – og hvordan skulle det da gå med Stavangers rettmessige arvinger? All denne oljen er vel og bra, men. . .

ONS er siden blitt holdt annethvert år, en markert begivenhet i internasjonale offshorekretser.

Og så, 27. mars 1980, skjedde katastrofen. Det var på en kveld lik utallige andre, mens karene slappet av eller sov mellom skift eller

event and an internationally respected forum in the world of offshore technology.

On March 27, 1980, the unthinkable happened. On an evening such as countless others, while the men were relaxing or sleeping between shifts or perhaps waiting to go home, one of the steel legs of the Alexander L. Kielland accommodation platform on Ekofisk collapsed under her, without warning. The platform toppled and the icy water came rushing in, giving most of those on board no time to don survival gear or even realise what had happened.

Some were trapped inside watching a film or in their cabins; many were tossed into the sea. Rescue operations went instantly tirelessly into action. But when the final count was made, 123 men had lost their lives that day.

By the time the fifth ONS conference and exhibition came around in 1982 the boundaries

kanskje ventet på å dra hjem, at ett av stålbena på boligplattformen Alexander L. Kielland ute på Ekofisk-feltet brøt sammen, uten forvarsel. Plattformen veltet og isvann strømmet inn, slik at de færreste fikk på seg redningsdrakt; de forsto vel snaut hva som var skjedd.

Noen var fanget i plattformen, i kahytter eller filmsal. Mange ble kastet i sjøen. Redningsaksjonen begynte øyeblikkelig, og fortsatte uten opphør – men den endelige opptellingen viste at 124 liv var gått tapt den dagen.

Da tiden kom for den femte oljemessen, ONS, var grensene blitt videre. Med en ny ikke-sosialistisk samlingsregjering var boring nord for den 62. breddegrad blitt virkelighet. Og bare Troll-feltet, for å ta ett eksempel, inneholder anslagsvis mer gass enn de totale reserver på den amerikanske sokkel. ONS ble

One of the many casualties being brought ashore.

192

had extended. With the return of a non-social-ist coalition government, drilling above the 62nd parallel had become a reality – the Troll field alone, for example, is estimated to hold more gas than the entire gas reserves on the U.S. continental shelf. The ONS exhibition was thus renamed Offshore *Northern* Seas, to re-flect the enormous importance of the area in the international context of oil and gas explo-ration, and the shared problems of operating in the deeper waters and harsher environment of the northern hemisphere. ONS '82 saw a record of over 20.000 people through its exhi-bition halls and through the brand new Con-ference Centre.

The oil industry is obviously in Norway to stay a while. If exploration continues at the same pace, it will take at least until the year 2190 for the entire Norwegian shelf to be fully explored. Fluctuating oil prices may play havoc with the country's budget, but it is thanks to the oil activity that Norway has been able to keep unemployment as low as she has, well below that of most other Western na-tions.

And, while the actual physical work is mov-ing further north and field bases may follow, even some of the contractors perhaps – it is clear that the administrative, decision-making heart of the industry is firmly settled in Stav-anger.

Journalists from around the world arrive every once in a while, asking much the same questions – has the oil changed Stavanger? The answer is usually a rather hedging «well, in some ways – but not really . . .» The fact is that when fairy tales become familiar, they tend to lose some of their magic; oil has be-come part of practical daily life for a vast num-ber of people. It has brought money, to be sure. Not in 100 dollar bills placed in showgirls' slippers but in affluence spread over the community in highway building, in a new indoor tennis complex, squash and bowling facilities, in the up to date conference facilities of Stavanger Forum and mostly, in the spaci-ous homes being built by young families confi-

omdøpt til Offshore Northern Seas for å understreke områdets kolossale betydning for internasjonal olje- og gassleting, og de spe-sielle problemene som oppstår fordi den nord-lige halvkule har dypere vann og hardere for-hold. ONS 82 satte ny rekord, med over 20 000 mennesker i utstillingshallene og det splitternye konferanse-sentret.

Det er tydelig at oljeindustrien er kommet til Norge for å bli en god stund. Dersom oljeletin-gen fortsetter i samme takt, vil ikke den norske sokkelen være fullt utforsket før tidligst i år 2190. Svingende oljepriser kan nok skape store vansker for statsbudsjettet, men det er likevel takket være oljeindustrien at Norge har kunnet begrense arbeidsløsheten til et nivå som ligger godt under det de fleste andre land i Vesten har.

Og mens selve det fysiske arbeid flytter nordover og basene kanskje kommer til å følge etter, – ja kanskje noen av entreprenørene også – er selve administrasjonen og beslut-ningsprosessen fast etablert i Stavanger.

Journalister fra andre kanter av verden kommer, nå og da, og spør oftest om det samme: har oljen forandret Stavanger? Svaret er vanligvis et tja: joda, på noen måter, men ikke egentlig. . . Saken er jo den at når eventyr bli velkjent, mister de lett litt av sin magiske kraft. Oljen er blitt en del av dagliglivet for en mengde mennesker. Den har brakt penger, det er visst. Ikke i form av hundredollarsedler stukket ned i gledespikers sko, men som vel-stand spredd ut i samfunnet – i form av vei-bygg, en ny tennishall, anlegg for squash og bowling, Stavanger Forums moderne kon-feranseanlegg og, mest av alt, i de rommelige hjemmene unge familier bygger. De tar på seg svære gjeldsbyrder fordi de vet at de lett kan få leid ut kjellerleilighetene – sannsynligvis til noen som jobber i oljen.

Du merker det i butikkene også. Du kan få croissant til morgenkaffen, takket være de franske. For ikke å snakke om skikkelig, fransk stokk-brød; og blåskjell og blekksprut på fiske-brygga. De utrettelige vintergrønnsakene kål og gulrøtter har fått følge av aubergines og

"Gullfaks" under construction in Gandsfjorden.

dently going into enormous debt on the strength of basement flats they will have no trouble renting out, more than likely to someone in the oil industry.

There are signs in the shops, too. You can have croissants with your morning coffee, thanks to the influence of the French community. Not to mention French bread; and mussels and squid at the fish market, too. The eternal carrots and cabbage of winter have been supplemented with eggplant and courgettes, spinach and even okra, and pizza and hamburgers are daily fare.

courgettes, spinat og til og med okra. Pizza og hamburgere er vanlig kost.

Det har vært andre forandringer også. Den store, vide verden utenfor har nådd inn til oljekonestanden, som utvilsomt var en av Vestens aller siste bastioner for mannssjåvinist-

The city grows and the skyline changes, reflecting a trend towards more urban living. An apartment in town appeals to many, close to theatres and music, to all the new restaurants and bars.

194

There were other changes, too. The outside world caught up with oil-wifery – which surely must have been one of the last bastions of male chauvinistic supremacy in the western world. After all, the reason a family was here (or anywhere else in the oil world for that matter) was because of the breadwinner's job – the families were mainly accessories of no greater relevance than that the men would refuse to go overseas without them and that their presence tended to make the men more contented – and thus, better employees.

Awareness of changing values and a deeper emphasis on family life filtered down into this world as well, though. A man will seldom be transferred any more without the opportunity to first discuss it with his family, and to refuse – without punitive consequences to his career – should they feel a move undesirable at that time. Most companies go to a lot of trouble to prepare handbooks for newcomers, to ease them into the new place as smoothly as possible, giving all the social support they can along the way.

The frown on working wives no longer carries the weight it once did, either. One by one, women were leaving the bridge table and the coffee circuit and taking up activities that they were trained for and that give them fulfilment beyond that of portable, instant wife-and-motherhood. Here and there a woman would get a job – cautiously at first, then in ever growing numbers – jobs in an office, library, doing computer programming, journalism, accounting, counselling. Even the language barrier no longer seemed as impenetrable for working – one intrepid woman found it faster and easier to learn Norwegian working in a grocery store than sitting endlessly in language classes, for example. Professional groups sprang up: pre-natal classes, kindergartens, workshops in communications and other subjects, university courses for credit – all of them run by fully competent, professional women with talents too valuable to waste sitting at home, waiting.

A health professionals' group was formed

dominans. Når alt kom til alt, var jo familien her (eller for den saks skyld, hvor som helst ellers i verden) på grunn av husfarens jobb. Familiene var mest tilbehør, uten annen betydning enn at mennene nektet å dra ut uten dem, og at mennene dessuten var mer fornøyde – og derved bedre arbeidstakere – når familiene var med.

Men nye holdninger og større vekt på familielivet trengte igjennom selv til oljeverdenen. Nå blir en mann sjelden overflyttet uten at han først får diskutere det med familien. Hvis det passer dårlig å flytte akkurat da, kan han si nei uten at det går ut over karrieren. De fleste selskapene legger mye arbeid i håndbøker for nyankomne for å gjøre overgangen enklest mulig, og de gir all den støtte de kan underveis.

Motforestillingene mot utearbeidende koner er heller ikke så sterke som før. En etter en har kvinner forlatt bridge-bordet og formiddagsselskapene for å bruke sin utdannelse og søke tilfredsstillelse ut over det å være en flyttbar og alltid fungerende kone og mor. Her og der fikk en kvinne arbeid – forsiktig til å begynne med, og etterhvert stadig fler – på kontor, bibliotek, i dataprogrammering, journalistikk, regnskap, rådgiving. Ikke engang språkbarrieren virket så uoverkommelig lenger. En uforferdet sjel fant ut at det gikk raskere og lettere å lære norsk med å jobbe i en kolonialforretning enn å sitte på det ene språkkurs etter det annet. Det ble dannet yrkesgrupper – for svangerskapsomsorg, barnehager, seminarer i kommunikasjon, for eksempel; kurs som gir universitetseksamener. Alle blir ledet av dyktige yrkeskvinner med evner og utdannelse som er for gode til å kaste bort med bare å sitte hjemme og vente.

En gruppe for helsepersonell ble dannet, mest for at medlemmene kunne diskutere emner som interesserte dem alle, og holde seg informert om det som skjer på området. Under kampanjen for livredningsopplæring av legfolk, Aksjon Rogaland 83, kom erfaringen deres hele fylket til gode.

En annen oljekone begynte med en god idé

mainly for the members to have a chance to talk about topics of common interest and to keep up with new developments in their field. Their professional experience at the time of the 1983 Rogaland campaign to train the public in cpr — cardio-pulmonary resuscitation technique — had a county-wide impact.

One 'oil wife' started out with a good idea, plus a lot of hard work, and came up with an Arts & Crafts show that became a yearly pre-Christmas tradition of such popularity among both Norwegians and foreigners that people came from as far as Bergen er even overseas to sell and exhibit their creations. For many, it has become the way to start Christmas gift-shopping.

On the other hand, looking into a crystal ball one might ask whether the industry's trait of waiting for no man will make a difference to the Siddis' list of priorities — how long before deciding he might go fishing on the weekend if there is nothing urgent he must do at the office before Monday?

og masse hardt arbeid. Hun skapte en kunst- og håndverksmesse som er blitt førjulstradisjon. Den er så populær blandt både nordmenn og utlendinger at folk kommer helt fra Bergen og Østlandet for å vise og selge varene sine. For mange er messen blitt starten på årets julehandel.

På den annen side: den som vil prøve å kikke i krystallkulen, spør kanskje om industriens karakteristiske «vi-venter-ikke-på-noen»-holdning vil endre siddisens prioriteringer. Hvor lenge vil det ta før han bestemmer seg for å dra på fisketur i helgen — dersom det ikke er noe han må gjøre på kontoret før mandag?

Ups and downs

Unlimited growth had never been wanted, but the growth was there, visible in all facets of Stavanger's life.

Far from distrusting the effects of oil riches, by the early 80s Norway had come to embrace them wholeheartedly. Private consumption was skyrocketing.

Norwegians have traditionally coped with one of the highest income taxes in the world by taking out large loans, and using the interest payments as a tax deduction. When loans were de-regulated in the early 80s, consumers rushed in. New car sales shot up some 50% in a year, clothing shops and restaurants sprouted all over. And nowhere more noticeably than in Stavanger. The town where a 'night out' used to mean a visit to a friend's house, got the hang of restaurant life. One after the other they opened: Chinese, Japanese, Greek, Italian, French. Cafes with hissing espresso machines, genuine English pubs and take-away pasta. Licensing laws too became more liberal. Where fifteen years earlier you would hardly be served a beer unless you also had a meal, Stavanger by 1990 had a couple of nightclubs serving alcohol until 3:30 in the morning.

It was not only the expense account crowd that supported the restaurants. Expatriates, used to eating out, continued to do so despite the high prices; the quality and choice made it

The tower blocks of the St. Olav complex changed Stavanger's skyline, causing a certain amount of controversy along the way. Do they ruin the once small-scale town? or, do they show that the charm is not static and that the town is alive and healthy?

Opp og ned

Uhemmet vekst hadde aldri vært ønsket, men veksten var der, synlig i alle Stavangerlivets sider.

Så langt fra å mistro virkningene av oljerikdommene hadde Norge begynt å hilse dem hjertelig velkommen, først i 1980-årene. Privat forbruk raste oppover.

Nordmenn har tradisjonelt klart seg trass i en av verdens høyeste inntektsbeskatninger med å ta opp store lån, og bruke rentene som fradragsposter for skatt. Da lån ble lettere tilgjengelige, tidlig i 1980-årene, fikk forbruket fart. Nybil-salget skjøt opp med 50 prosent på ett år, det vokste frem klesforretninger og restauranter over alt. Intet annet sted var dette mer synlig enn i Stavanger.

Byen der en «utekveld» pleide å bety et besøk hos venner, fikk sans for restaurantliv. Den ene etter den annen åpnet: kinesisk, japansk, gresk, italiensk, fransk. Kafeer med susende espresso-maskiner, ekte engelske pub-er, en forretning med fersk pasta. Også skjenkereglene ble mer liberale. Mens du snaut kunne ha fått en øl uten å spise til, 15 år før, hadde Stavanger anno 1990 flere nattklubber som serverte alkohol til halv fire om morgenen.

Det var ikke bare forretningsfolk med representasjonskonto som fylte restaurantene, heller. Utlendinger som var vant til å spise ute, fortsatte trass i høye priser: kvalitet og utvalg gjorde det umaken verd. Generasjonen som ennå ikke hadde boliglån, vente seg raskt til restaurantlivet. Pakketurer til Middelhavet hadde vist mange hvor herlig det er å være der hvor alle er, og de fortsatte med det hjemme.

worthwhile. The pre-mortgage generation found restaurant life easy to get used to. Package tours to the Mediterranean had introduced them to the delights of public social mingling, and they eagerly continued the habit back home. The town filled with trendy shops catering to the young, as well as exclusive boutiques for the mature woman who had returned to work after the children left home, considering her income as pure bonus. In any case, jobs were plentiful, loans were easy, Norway was prosperous and – why not?

And then, the bubble burst. The price of oil plummeted from well over US $ 30 a barrel in 1985 to as low as 12 in mid-1986. It no longer paid the oil companies to explore much further. It cost as much, or more, to produce oil as what it fetched on the international market. At the same time, Norway's other, non-oil exports declined and the krone was devalued.

Money was suddenly tight. The three party non-socialist coalition government of Kaare Willoch fell over an unpopular petrol hike and, probably much to their relief, the government was handed over to the Labour Party to put into effect all the necessary belt-tightening measures – if they could.

Oil expatriates, meanwhile, spent sleepless nights worrying about cut-backs, the norwegianization of companies and the slump in the industry. Phillips had barely survived takeover attempts and had come out a much leaner company; Exxon was forced to reduce their spread around the world. At the same time Mobil, by previous arrangement, reluctantly handed back production of the Statfjord field to Statoil and hundreds of Mobil people in Stavanger feared for their future.

Norwegian-owned enterprises were no better off; by the summer of 1986 half the Norwegian-owned drilling rigs and at least a third of the supply boats were laid up. Day rates for a drilling rig had crashed from as much as 80,000 U.S. dollars to as little as 25,000, barely enough to cover expenses. But, anything to keep in operation, to keep the companies active and people employed.

Byen fikk en rekke «trendy» forretninger med unge klær, og samtidig eksklusive «boutique»-er for den modne kvinne som hadde gått ut i arbeidslivet etter at barna ble store, og så sin egen inntekt som ren bonus. Uansett: det var lett å få arbeid, lett å få lån. Norge var et rikt land – så hvorfor ikke?

Så sprakk boblen. Oljeprisen sank fra godt over 30 amerikanske dollar pr fat i 1985, til 12 sommeren 1986, og holdt seg lav mot slutten av 1980-årene. Det kostet like mye, eller mer, å produsere olje som den var verd på det internasjonale marked. Samtidig gikk annen norsk eksport tilbake, og kronen ble devaluert.

Plutselig var det dårlig med penger. Willochs koalisjonsregjering falt på en upopulær stigning i bensinprisene, og ga – sannsynligvis med et lettet sukk – styringen over til Arbeiderpartiet. Det måtte da gjennomføre de nødvendige innstramminger, om mulig.

Imens tilbrakte utenlandske oljefolk mange våkenetter opptatt av nedskjæringer, fornorsking av selskaper og nedgangen i industrien. Phillips hadde bare såvidt klart seg unna forsøk på oppkjøp, og kom ut av det med slunkne reserver. Exxon kuttet ned, verden rundt. Mobil måtte holde seg til en tidligere avtale og ga motstrebende fra seg operatør-rollen på Statfjord til Statoil, og hundrevis av Mobil-ansatte i Stavanger fryktet for sin fremtid.

Norskeide firmaer var like ille ute. Sommeren 1986 lå halvparten av de norske boreriggene og minst tredjeparten av forsyningsbåtene i opplag. Dagrater for en boreplattform hadde sunket fra 80 000 dollar til 25 000, bare såvidt nok til å dekke omkostningene. Men eierne tok oppdrag likevel, for å holde hjulene i gang og folkene sysselsatt.

Endringen kom plutselig, uten tid for tilpasning. Nye hoteller var under bygging, nye restauranter åpnet, trass i skyene som samlet seg på den økonomiske horisont.

Kommer oljeprisen til å gå opp igjen? Regjeringen vil gjerne se utviklingen over lang tid, men hvor mange av de oljetilknyttede bedriftene vil klare seg gjennom nedgangstidene? Og hva vil skje med de andre?

The change came too suddenly, without allowing time to adjust. New hotels were under construction and new restaurants still opening, in spite of gathering clouds on the economic horizon.

Will the price of oil go back up? The government urges taking a long-term view. How many of the oil related enterprises will be able to ride the rough times? And what will happen to those who can't?

The realization that Stavanger needs to distribute her eggs in several baskets is taking hold, gradually. What will the baskets be? An increased tourist industry? International conferences and exhibitions?

Having had a taste of plenty, Stavanger and the district have shown reluctance to thinking small again. Grandiose schemes grow and, for lack of flexible adjustment to changing circumstances, they bite the dust. Such was the fate of a huge amusement park at Ålgård just south of Stavanger, equipped and run with such generosity that the available market could not support it. Restaurants frequently close before they are even known about. An ambitious new daily newpaper collapsed before it could really find its voice. The seemingly unstoppable real estate boom is not only slowed but prices are coming down. Retailers are finding the competition hard and premises change hands frequently. Even the well established merchants offer sales bargains that taste of mild panic, while others simply give up and close their doors.

Along with financial difficulties and newly found caution, Stavanger is growing up. She is accepting the diversity of her population and catering to different tastes.

In the heart of the old commercial centre of the city stands the long dreamed and planned for, and newly opened, Sølvberget Kulturhus – a combination of commercial arcade and community centre. Local politicians went along reluctantly with the enormous expense, eventually giving in only in the hope that the investment will pay off in the long run. Pay off not least in creating an environment that does

Gradvis innser man at Stavanger må spre sine egg i flere kurver. Hvilke kurver? Mer turistindustri? Internasjonale konferanser og utstillinger?

Etter å ha levd så godt, har både Stavanger og distriktet vist motvilje mot igjen å tenke smått. Grandiose prosjekter lanseres, og feiler på grunn av manglende omstillingsevne. Slik gikk det med den svære Kongeparken på Ålgård, som ble bygd og drevet i så generøs målestokk at markedet ikke kunne bære den. Restauranter må ofte stenge før de er blitt skikkelig kjent. Et ambisiøst avisprosjekt brøt sammen før det fant sin egen stemme. Eiendomsmarkedet, som virket ustoppelig, er ikke bare tregere, men prisene synker. Forretningsstanden sliter med konkurransen, og det er stor gjennomtrekk. Selv veletablerte kjøpmenn tilbyr utsalgspriser som har et snev av panikk i seg.

Men samtidig med økonomiske vansker og nylært forsiktighet er Stavanger i ferd med å vokse opp.

I hjertet av det gamle handelssentrum står Sølvberget Kulturhus, som lenge var en drøm; det ble en kombinasjon av kjøpesenter og bydelshus. Byens politikere bevilget tilsist de enorme byggekostnadene, bare fordi de håpet at investeringen ville bli positiv i lengre perspektiv. Lønnsom, ikke minst ved å skape et miljø som ikke dør når forretningene stenger; et miljø som tiltrekker mennesker og rørsel og liv istedenfor å ha mørke kroker å skjule seg i.

Sølvberget Kulturhus er en lettbent gigant. Det fyller et stort rom og ligger svært nær de små trehusene rundt, uten å virke for dominerende. Fasaden er delt i små enheter, og glasstakets linjer er ekko av takene rundt. En mengde grønne planter, både utenfor og inne, bidrar til å skape et mykere inntrykk. Følelsen av å være ute blir forsterket av den gamle kinoens yttervegg, som er bygd inn i det nye sentret.

Bygget har åtte kinosaler i forskjellig størrelse, bibliotek, kunstgalleri, åpent rom for forestillinger, møter eller foredrag, forretninger og restauranter. Fordi gjennomgangsom-

not die when the shops close; one that attracts people and movement and life instead of providing dark doorways for lurking in.

The Sølvberget Kulturhus is a lightfooted giant. It takes up a lot of space and comes very close to the surrounding small timber houses, without appearing too obtrusive. Its facade is cut up into small units and the lines of the glass roofs echo the surrounding roof tops. Masses of greenery, inside and out, have helped to soften the whole. The impression of being outdoors is heightened by the side wall of the old cinema, which has been incorporated into the centre.

The building contains eight film projection halls of different sizes, library, art gallery, an open area for performances, meetings or lectures, shops and restaurants. Because its main passage on ground level has access to all the surrounding streets, it has changed the pedestrian traffic pattern of the town: wherever you are going, it is usually shorter and faster

rådet på bakkenivå har kontakt med alle gatene rundt, har det endret byens trafikkmønster: nesten uansett hvor du skal, er det raskere og kortere å ta inne-«gaten» på Sølvberget. Derfor er også sjansene store til å møte noen du kjenner.

Over hele komplekset, på avsatser og balkonger, og inne i hjørner, er det innbydende sitteplasser – som ble tatt i bruk med en gang, av både unge og gamle. For sannsynligvis første gang i Stavangers historie kan gamle mennesker sitte og følge med i strømmen av

For all the change and growth, Stavanger's essence remains the same. A good place to live in.

Stavanger's new Cultural Centre sits in the heart of the downtown shopping district as if it had always been there. Its warm and dry street level passages provide a shortcut between the city's streets, a good place to meet. In the 'Kulturhus' are the public library, eight movie theatres, an art gallery, space for lectures and meetings, plus shops and restaurants. The little open place in front, Arneageren, bustles with people, with vendors and streets entertainment.

to cut through the indoor 'street' of Sølvberget. Consequently, the odds are good that you will meet someone you know.

Throughout the complex, on landings and balconies and tucked into corners, are cushioned seats invitingly placed – and immediately adopted by young and old. For probably the first time in Stavanger's history, old people can sit and watch the flow of life around them, year around. It costs nothing, it is dry and warm, and it is the year-around equivalent of the much loved outdoor benches of the summer. In a place as chilly and wet as Stavanger tends to be, this alone is a grand accomplishment for Sølvberget – to draw people together.

And the opposite

Another area of growth is Forus and Lura – on an extensive plain between Stavanger and Sandnes with a no-man's-land air about it. It is dotted, ever more densely, with sprawling office complexes, shopping centres, vast furniture and appliance emporiums, work shops and auto dealers. All the enterprises that need lots of space at a lower price than in town. Past these weighty buildings with gaping emptiness between them, speed a confusion of highways.

This vast plain is, in fact, no *man's* land; this is the automobile's domain. Forus and Lura are the first victims of insensitive planning for the future in the vicinity of Stavanger. It caters for ease of parking, it is spacious, functional. And there is no place to walk, construction is beyond life-size, and you can't get from A to B without wheels. A and B sit in a vacuum. The face of the future?

It is a time of transition. However, Stavanger has often shown resiliency in the face of change throughout her history.

It is time, as usual, for Stavanger to be resilient again.

liv, året rundt. Det er gratis, tørt og varmt, og virker akkurat som de populære benkene ute, om sommeren. I en by så forblåst og våt som Stavanger kan være, er dette en stor fordel ved Sølvberget: å trekke folk sammen.

Og det motsatte

Et annet vekstområde er Forus og Lura, på den store sletten mellom Stavanger og Sandnes som virker som et slags ingenmannsland. Den blir stadig tettere belagt med store kontorbygg, handlesentre, enorme møbel- og utstyrsforretninger, verksteder og bilforhandlere: alle bedriftene som trenger mye plass, og får den rimeligere her enn i sentrum. Forbi disse vektige bygg med gapende tomhet imellom, raser et forvirrende nett av motorveier.

Denne sletten er faktisk ingenmannsland. Dette er bilens domene. Forus og Lura er de første ofre for fremtidsplanlegging i Stavangertraktene. Her skal det være greit å parkere, god plass, funksjonelt.

Målestokken er større enn livet, og det er umulig å komme fra A til B uten hjul.

Det er en overgangstid. Likevel: Stavanger har vist en evne til å overleve i omstillingstider, gjennom hele sin historie.

Det er tid, som vanlig, for Stavanger å omstille seg.

Author's note

All this is Stavanger. But it is also a hundred other relics, facts, impressions. To find them, you may need to search. And the search, surprisingly enough, may lead you back to yourself.

For, perhaps the main point about Stavanger is that it is a human town, a town to be human in. Unlike many progressive, modern cities, Stavanger does not pressure you into doing, or buying, or thinking, or living in any particular way. It does not ask you to present a faultless image, it even allows you the luxury of being unhappy at times. Stavanger's demands are few.

Instead, it gives you small town life lubricated by the advantages of science, culture and social welfare, then adds an open horizon. A horizon to find a people, to find a town, to find yourself. May you enjoy your searchs as much as I have enjoyed mine.

Alt dette er Stavanger. Men den er også hundre andre minner, opplysninger og inntrykk. Det kan være du må lete for å finne dem. Og letingen vil muligens, ganske overraskende, føre deg tilbake til deg selv.

For kanskje er selve hemmeligheten ved Stavanger at den er en menneskelig by. I motsetning til mange fremgangsrettede, moderne byer legger ikke Stavanger press på deg for å få deg til å gjøre noe, kjøpe noe, tenke noe, eller leve på noen spesiell måte. Den forlanger ikke at du skal stå frem med ulastelig profil, den gir deg til og med den luksus å kunne være ulykkelig til tider. Stavangers krav til deg er få.

Istedenfor gir den deg småbyliv med tilsetning av vitenskapelige, kulturelle og sosiale fordeler, og i tillegg en åpen horisont. En horisont til å oppdage et folk, oppdage en by, oppdage deg selv. Måtte du få like mye glede av din oppdagelsesferd som jeg har hatt av min.

Acknowledgdements

A.W. Brøgger: Stavanger Historie i
   Middelalderen
Stavanger Turistforenings Årbok, 1971
Alf Aadnøy: Byen vi bor i . . .
Knut Helle: Stavanger fra Våg til By
Gerhard Fisher: Domkirken i Stavanger
Jan Hendrich Lexow: Stavanger Cathedral
Stavanger Aftenblad: Per Thomsen,
   Bjørn S. Utne, Alf Aadnøy,
Karsten Skadberg:
   Stavanger – Vår Egen By
Arne Bang Andersen:
   Streiftog i Gamle Stavanger
Dreyer Bok: Stavanger I-III
Daglig liv i Norge.
Arne Garborg: Fred.
Alexander Kielland: Garman & Worse
Wibecke Kloster:
   Siste generasjon på Ledaal.
Snorre

BOKENS FOTOGRAFIER
er lånt av følgende fotografer
og vi er dem stor takk skyldig:

Olav Andersen
Dreyer Bok
Egil Eriksson
Jonas Friestad
Odd Furenes
Thomas Gjesteland
Harry Nor-Hansen
Paul R. Moller
Ann-Mari Olsen
Karl Henrik Pedersen
Rune Roalkvam
Dag Magne Søyland
Jan Vierstraete
Knut S. Vindfallet
Odd Inge Worsøe

Future communications – The 'Rennfast' project.
The Boknafjord water ways have from pre-historic times been the principal communication system linking the mainland with all the islands of Rogaland. In fact, it was the excellent conditions for a sea-faring people that was the 'raison d'être' for Rogaland as an administrative entity.
However, in our modern times, when motorized, land-based transport is more efficient, the fjord system has become more of a hindrance than a short cut; thus creating partitions between the different areas, the greatest problem being the communication between North and South Rogaland. The elimination of this problem has for over 50 years been sought by building more and more roads; the latest dream being the Rennfast project. This is a plan for connecting the North to the South with bridges and tunnels via the islands. Here we see part of this system under construction.